CHARLES PÉGUY

L'Argent

Copyright © 2022 by Charles Peguy

Édition : BoD – Books on Demand, info@bod.fr

Impression : BoD – Books on Demand, In de Tarpen 42, Norderstedt (Allemagne)

Impression à la demande

ISBN : 978-2-3224-4336-9

Dépôt légal : août 2022

Mise en page et maquettage : https://reedsy.com/

Cet ouvrage a été composé avec les polices Didot et Bauer Bodoni

Tous droits réservés pour tous pays.

L'ARGENT

L'argent. — L'auteur de ce cahier, — du cahier qui vient, du cahier dont celui-ci n'est que l'avant-propos, — est l'homme à qui je dois le plus. J'étais un petit garçon de huit ans, perdu dans une excellente école primaire, quand M. Naudy fut nommé directeur de l'école normale du Loiret.

Rien n'est mystérieux comme ces sourdes préparations qui attendent l'homme au seuil de toute vie. Tout est joué avant que nous ayons douze ans. Vingt ans, trente ans d'un travail acharné, toute une vie de labeur ne fera pas, ne défera pas ce qui a été fait, ce qui a été défait une fois pour toutes, avant nous, sans nous, pour nous, contre nous.

Dans toute vie il y a de ces quelques recroisements, toute vie est commandée par un très petit nombre de ces certains recroisements ; rien ne se fait sans eux ; rien ne se fait que par eux ; et le premier de tous commande tous les autres et directement et par eux tout le reste.

C'était le temps des *folies scolaires*. Les réactionnaires nommaient *folies scolaires*, dans ce temps-là, de fort honnêtes constructions, en briques ou en pierres de taille, où on apprenait à lire aux enfants. Ces *folies scolaires* étaient commises par l'État, par les départements, par les communes ; et quelquefois par un généreux donateur. C'étaient généralement des maisons fort propres, et qui en tout cas valaient beaucoup mieux pour les enfants que la boue du ruisseau. Et que le ruisseau de la rue. Il faut avouer que dans ce temps-là, elles, (ces folies scolaires), avaient en effet l'air un peu insolent. Non point parce qu'elles étaient somptueuses. On mettait ça dans les journaux, qu'elles étaient somptueuses. Elles étaient simplement propres ; et décentes. Mais parce qu'elles étaient un peu trop voyantes. Elles avaient poussé un peu trop partout à la fois. Et peut-être un peu trop vite. On les avait trop mis en même temps. Et celles qu'on voyait, on les voyait trop. Elles étaient trop blanches, trop rouges, trop neuves. Quarante ans sont passés sur ces coins de la terre. Un simple voyage à Orléans vous convaincrait sans peine qu'aujourd'hui tous ces bâtiments scolaires sont comme nous : ils ne sont pas trop voyants.

Par quel recroisement fallut-il que ce fût dans le vieux faubourg, à trois ou quatre cents mètres de la maison de ma mère, peut-être à moins, car j'avais les jambes courtes, qu'on venait d'achever ce palais scolaire qu'était alors l'école normale des instituteurs du Loiret. À sept ans on me mit à l'école. Je n'étais pas près d'en sortir. Mais enfin ce n'était pas tout à fait de ma faute. Et les suites non plus ne furent sans doute point tout à fait de ma faute.

On me mit à l'école normale. Ce ne devait pas être la dernière fois. Cela signifiait cette fois-là qu'on me fit entrer dans cette jolie petite école annexe qui demeurait dans un coin de la première cour de l'école normale, à droite, en entrant, comme une espèce de nid rectangulaire, administratif, solennel et doux. Cette petite école annexe avait naturellement un directeur à elle, qu'il fallait se garder de confondre avec le directeur de l'école normale elle-même. Mon *directeur* fut M. Fautras. Je le vois encore d'ici. C'était un grand gouvernement. Il avait été prisonnier en Allemagne pendant la guerre. Il revenait de loin. Cela lui conférait un lustre sévère, une grandeur dont nous n'avons plus aucune idée. C'est dans cette même école que je devais rencontrer quelques années plus tard le véritable maître de tous mes commencements, le plus doux, le plus patient, le plus noble, le plus courtois, le plus aimé, M. Tonnelat.

Si nous vivons assez pour atteindre à l'âge des *Confessions*, si tant d'entreprises commencées de toutes mains nous laissent l'espace de mettre par écrit un monde que nous avons connu, j'essaierai de représenter un peu ce qu'était vers 1880 cet admirable monde de l'enseignement primaire. Plus généralement, j'essaierai de représenter ce qu'était alors tout cet admirable monde ouvrier et paysan, disons-le d'un mot, tout cet admirable peuple.

C'était rigoureusement l'ancienne France et le peuple de l'ancienne France. C'était un monde à qui appliqué ce beau nom, ce beau mot de peuple recevait sa pleine, son antique application. Quand on dit le peuple, aujourd'hui, on fait de la littérature, et même une des plus basses, de la littérature électorale, politique, parlementaire. Il n'y a plus de peuple. Tout le monde est bourgeois. Puisque tout le monde lit son journal. Le peu qui restait de l'ancienne ou plutôt des anciennes aristocraties est devenu une basse bourgeoisie. L'ancienne aristocratie est devenue comme les autres une bourgeoisie d'argent. L'ancienne bourgeoisie est devenue une basse bourgeoisie, une bourgeoisie d'argent. Quant aux ouvriers ils n'ont plus qu'une idée, c'est de devenir des bourgeois. C'est même ce qu'ils nomment devenir socialistes. Il n'y a guère que les paysans qui soient restés profondément paysans.

Nous avons été élevés dans un tout autre monde. On peut dire dans le sens le plus rigoureux des termes qu'un enfant élevé dans une ville comme Orléans entre 1873 et 1880 a littéralement touché l'ancienne France, l'ancien peuple, le peuple, tout court, qu'il a littéralement participé de l'ancienne France, du peuple. On peut même dire qu'il en a participé entièrement, car l'ancienne France était encore toute, et intacte. La débâcle s'est faite si je puis dire d'un seul tenant, et en moins de quelques années.

Nous essaierons de le dire : Nous avons connu, nous avons touché l'ancienne France et nous l'avons connue intacte. Nous en avons été enfants. Nous avons connu un peuple, nous l'avons touché, nous avons été du peuple, quand il y en avait un. Le dernier ouvrier de ce temps-là était un homme de l'ancienne France et aujourd'hui le plus insupportable des disciples de M. Maurras n'est pas pour un atome un homme de l'ancienne France.

Nous essaierons, si nous le pouvons, de représenter cela. Une femme fort intelligente, et qui se dirige allègrement vers ses septante et quelques années disait : Le monde a moins changé pendant mes soixante premières années qu'il n'a changé depuis dix ans. Il faut aller plus loin. Il faut dire avec elle, il faut dire au-delà d'elle : Le monde a moins changé depuis Jésus-Christ qu'il n'a changé depuis trente ans. Il y a eu l'âge antique, (et biblique). Il y a eu l'âge chrétien. Il y a l'âge moderne. Une ferme en Beauce, encore après la guerre, était infiniment plus près d'une ferme gallo-romaine, ou plutôt de la même ferme gallo-romaine, pour les moeurs, pour le statut, pour le sérieux, pour la gravité, pour la structure même et l'institution, pour la dignité, (et même, au fond, d'une ferme de Xénophon), qu'aujourd'hui elle ne se ressemble à elle-même. Nous essaierons de le dire. Nous avons connu un temps où quand une bonne femme disait un mot, c'était sa race même, son être, son peuple qui parlait. Qui sortait. Et quand un ouvrier allumait sa cigarette, ce qu'il allait vous dire, ce n'était pas ce que le journaliste a dit dans le journal de ce matin. Les libres penseurs de ce temps-là étaient plus chrétiens que nos dévots d'aujourd'hui. Une paroisse ordinaire de ce temps-là était infiniment plus près d'une paroisse du quinzième siècle, ou du quatrième siècle, mettons du cinquième ou du huitième, que d'une paroisse actuelle.

C'est pour cela que l'on est exposé à être extrêmement injuste envers Michelet et tous ceux de sa race, et ce qui est encore peut-être plus grave à être extrêmement *inentendant* de Michelet et de tous ceux de sa race. À en être inintelligent. Quand aujourd'hui on dit le peuple, en effet on fait une figure, et même une assez pauvre figure, et même une figure tout à fait vaine, je veux dire une figure où on ne peut rien mettre du tout dedans. Et en outre une figure politique, et une figure parlementaire. Mais quand Michelet et ceux de sa race parlaient du peuple, c'est eux qui étaient dans la réalité même, c'est eux qui parlaient d'un être et qui avaient connu cet être. Or cet être-là, ce peuple, c'est celui que nous aussi nous avons connu, c'est celui où nous avons été élevés. C'est celui que nous avons connu encore dans son plein fonctionnement, dans toute sa vie, dans toute sa race, dans tout son beau libre jeu. Et rien ne faisait prévoir ; et il semblait que cela ne dût jamais finir. Dix ans après il n'y avait plus rien. Le peuple s'était acharné à tuer le peuple, presque instantanément, à supprimer l'être même du peuple, un peu comme la famille d'Orléans, un peu moins instantanément peut-être, s'est acharnée à tuer le roi. D'ailleurs tout ce dont nous souffrons est au fond un orléanisme ; orléanisme de la religion ; orléanisme de la république.

Voilà ce qu'il faudrait marquer dans des *Confessions*. Et tâcher de le faire voir. Et tâcher de le faire entendre. D'autant plus exactement, d'autant plus précieusement, et si nous le pouvons d'autant plus uniquement que l'on ne reverra jamais cela. Il y a des innocences qui ne se recouvrent pas. Il y a des ignorances qui tombent absolument. Il y a des irréversibles dans la vie des peuples comme dans la vie des hommes. Rome n'est jamais redevenue des cabanes de paille. Non seulement, dans l'ensemble, tout est irréversible. Mais il y a des *âges*, des irréversibles propres.

Le croira-t-on, nous avons été nourris dans un peuple gai. Dans ce temps-là un chantier était un lieu de la terre où des hommes étaient heureux. Aujourd'hui un chantier est un lieu de la terre où des hommes récriminent, s'en veulent, se battent ; se tuent.

De mon temps tout le monde chantait. (Excepté moi, mais j'étais déjà indigne d'être de ce temps-là.) Dans la plupart des corps de métiers on chantait. Aujourd'hui on renâcle. Dans ce temps-là on ne gagnait pour ainsi dire rien. Les salaires étaient d'une bassesse dont on n'a pas idée. Et pourtant tout le monde bouffait. Il y avait dans les plus humbles maisons une sorte d'aisance dont on a perdu le souvenir. Au fond on ne comptait pas. Et on n'avait pas à compter. Et on pouvait élever des enfants. Et on en élevait. Il n'y avait pas cette espèce d'affreuse strangulation économique qui à présent d'année en année nous donne un tour de plus. On ne gagnait rien ; on ne dépensait rien ; et tout le monde vivait.

Il n'y avait pas cet étranglement économique d'aujourd'hui, cette strangulation scientifique, froide, rectangulaire, régulière, propre, nette, sans une bavure, implacable, sage, commune, constante, commode comme une vertu, où il n'y a rien à dire, et où celui qui est étranglé a si évidemment tort.

On ne saura jamais jusqu'où allait la décence et la justesse d'âme de ce peuple ; une telle finesse, une telle culture profonde ne se retrouvera plus. Ni une telle finesse et précaution de parler. Ces gens-là eussent rougi de notre meilleur ton d'aujourd'hui, qui est le ton bourgeois. Et aujourd'hui tout le monde est bourgeois.

Nous croira-t-on, et ceci revient encore au même, nous avons connu des ouvriers qui avaient envie de travailler. On ne pensait qu'à travailler. Nous avons connu des ouvriers qui le matin ne pensaient qu'à travailler. Ils se levaient le matin, et à quelle heure, et ils chantaient à l'idée qu'ils partaient travailler. À onze heures ils chantaient en allant à la soupe. En somme c'est toujours du Hugo ; et c'est toujours à Hugo qu'il en faut revenir : *Ils allaient, ils chantaient*. Travailler était leur joie même, et la racine profonde de leur être. Et la raison de leur être. Il y avait un honneur incroyable du travail, le plus beau de tous les honneurs, le plus chrétien, le seul peut-être qui se tienne debout. C'est par exemple pour cela que je dis qu'un libre penseur de ce temps-là était plus chrétien qu'un dévot de nos jours. Parce qu'un dévot de nos jours est forcément un bourgeois. Et aujourd'hui tout le monde est bourgeois.

Nous avons connu un honneur du travail exactement le même que celui qui au Moyen Age régissait la main et le coeur. C'était le même conservé intact en dessous. Nous avons connu ce soin poussé jusqu'à la perfection, égal dans l'ensemble, égal dans le plus infime détail. Nous avons connu cette piété de *l'ouvrage bien faite* poussée, maintenue jusqu'à ses plus extrêmes exigences. J'ai vu toute mon enfance rempailler des chaises exactement du même esprit et du même coeur, et de la même main, que ce même peuple avait taillé ses cathédrales.

Que reste-t-il aujourd'hui de tout cela ? Comment a-t-on fait, du peuple le plus laborieux de la terre, et peut-être du seul peuple laborieux de la terre, du seul peuple peut-être qui aimait le travail pour le travail, et pour l'honneur, et pour travailler, ce peuple de saboteurs, comment a-ton pu en faire ce peuple qui sur un chantier met toute son étude à ne pas en fiche un coup. Ce sera dans l'histoire une des plus grandes victoires, et sans doute la seule, de la démagogie bourgeoise intellectuelle. Mais il faut avouer qu'elle compte. Cette victoire.

Il y a eu la révolution chrétienne. Et il y a eu la révolution moderne. Voilà les deux qu'il faut compter. Un artisan de mon temps était un artisan de n'importe quel temps chrétien. Et sans doute peut-être de n'importe quel temps antique. Un artisan d'aujourd'hui n'est plus un artisan.

Dans ce bel honneur de métier convergeaient tous les plus beaux, tous les plus nobles sentiments. Une dignité. Une fierté. *Ne jamais rien demander à personne* , disaient-ils. Voilà dans quelles idées nous avons été élevés. Car demander du travail, ce n'était pas demander. C'était le plus normalement du monde, le plus naturellement réclamer, pas même réclamer. C'était se mettre à sa place dans un atelier. C'était, dans une cité laborieuse, se mettre tranquillement à la place de travail qui vous attendait. Un ouvrier de ce temps-là ne savait pas ce que c'est que quémander. C'est la bourgeoisie qui quémande. C'est la bourgeoisie qui, les faisant bourgeois, leur a appris à quémander. Aujourd'hui dans cette insolence même et dans cette brutalité, dans cette sorte d'incohérence qu'ils apportent à leurs revendications il est très facile de sentir cette honte sourde, d'être forcés de demander, d'avoir été amenés, par l'événement de l'histoire économique, à quémander. Ah oui ils demandent quelque chose à quelqu'un, à présent. Ils demandent même tout à tout le monde. Exiger, c'est encore demander. C'est encore servir.

Ces ouvriers ne servaient pas. Ils travaillaient. Ils avaient un honneur, absolu, comme c'est le propre d'un honneur. Il fallait qu'un bâton de chaise fût bien fait. C'était entendu. C'était un primat. Il ne fallait pas qu'il fût bien fait pour le salaire ou moyennant le salaire. Il ne fallait pas qu'il fût bien fait pour le patron ni pour les connaisseurs ni pour les clients du patron. Il fallait qu'il fût bien fait lui-même, en lui-même, pour lui-même, dans son être même. Une tradition, venue, montée du plus profond de la race, une histoire, un absolu, un honneur voulait que ce bâton de chaise fût bien fait. Toute partie, dans la chaise, qui ne se voyait pas, était exactement aussi parfaitement faite que ce qu'on voyait. C'est le principe même des cathédrales.

Et encore c'est moi qui en cherche si long, moi dégénéré. Pour eux, chez eux il n'y avait pas l'ombre d'une réflexion. Le travail était là. On travaillait bien.

Il ne s'agissait pas d'être vu ou pas vu. C'était l'être même du travail qui devait être bien fait.

Et un sentiment incroyablement profond de ce que nous nommons aujourd'hui l'honneur du sport, mais en ce temps-là répandu partout. Non seulement l'idée de faire rendre le mieux, mais l'idée, dans le mieux, dans le bien, de faire rendre le plus. Non seulement à qui ferait le mieux, mais à qui en ferait le plus, c'était un beau sport continuel, qui était de toutes les heures, dont la vie même était pénétrée. Tissée. Un dégoût sans fond pour l'ouvrage mal fait. Un mépris plus que de grand seigneur pour celui qui eût mal travaillé. Mais l'idée ne leur en venait même pas.

Tous les honneurs convergeaient en cet honneur. Une décence, et une finesse de langage. Un respect du foyer. Un sens du respect, de tous les respects, de l'être même du respect. Une cérémonie pour ainsi dire constante. D'ailleurs le foyer se confondait encore très souvent avec l'atelier et l'honneur du foyer et l'honneur de l'atelier était le même honneur. C'était l'honneur du même lieu. C'était l'honneur du même feu. Qu'est-ce que tout cela est devenu. Tout était un rythme et un rite et une cérémonie depuis le petit lever. Tout était un événement ; sacré. Tout était une tradition, un enseignement, tout était légué, tout était la plus sainte habitude. Tout était une élévation, intérieure, et une prière, toute la journée, le sommeil et la veille, le travail et le peu de repos, le lit et la table, la soupe et le boeuf, la maison et le jardin, la porte et la rue, la cour et le pas de porte, et les assiettes sur la table.

Ils disaient en riant, et pour embêter les curés, que *travailler c'est prier* , et ils ne croyaient pas si bien dire.

Tant leur travail était une prière. Et l'atelier un oratoire.

Tout était le long événement d'un beau rite. Ils eussent été bien surpris, ces ouvriers, et quel eût été, non pas même leur dégoût, leur incrédulité, comme ils auraient cru que l'on blaguait, si on leur avait dit que quelques années plus tard, dans les chantiers, les ouvriers, — les compagnons, — se proposeraient officiellement d'en faire le moins possible ; et qu'ils considéreraient ça comme une grande victoire. Une telle idée pour eux, en supposant qu'ils la pussent concevoir, c'eût été porter une atteinte directe à eux-mêmes, à leur être, c'aurait été douter de leur capacité, puisque c'aurait été supposer qu'ils ne rendraient pas tant qu'ils pouvaient. C'est comme de supposer d'un soldat qu'il ne sera pas victorieux.

Eux aussi ils vivaient dans une victoire perpétuelle, mais quelle autre victoire. Quelle même et quelle autre. Une victoire de toutes les heures du jour dans tous les jours de la vie. Un honneur égal à n'importe quel honneur militaire. Les sentiments mêmes de la garde impériale.

Et par suite ou ensemble tous les beaux sentiments adjoints ou connexes, tous les beaux sentiments dérivés et filiaux. Un respect des vieillards ; des parents, de la parenté. Un admirable respect des enfants. Naturellement un respect de la femme. (Et il faut bien le dire, puisque aujourd'hui c'est cela qui manque tant, un respect de la femme par la femme elle-même.) Un respect de la famille, un respect du foyer. Et surtout un goût propre et un respect du respect même. Un respect de l'outil, et de la main, ce suprême outil. — *Je perds ma main à travailler*, disaient les vieux. Et c'était la fin des fins. L'idée qu'on aurait pu abîmer ses outils exprès ne leur eût pas même semblé le dernier des sacrilèges. Elle ne leur eût pas même semblé la pire des folies. Elle ne leur eût pas même semblé monstrueuse. Elle leur eût semblé la supposition la plus extravagante. C'eût été comme si on leur eût parlé de se couper la main. L'outil n'était qu'une main plus longue, ou plus dure, (des ongles d'acier), ou plus particulièrement affectée. Une main qu'on s'était faite exprès pour ceci ou pour cela.

Un ouvrier abîmer un outil, pour eux, c'eût été, dans cette guerre, le conscrit qui se coupe le pouce.

On ne gagnait rien, on vivait de rien, on était heureux. Il ne s'agit pas làdessus de se livrer à des arithmétiques de sociologue. C'est un fait, un des rares faits que nous connaissions, que nous ayons pu embrasser, un des rares faits dont nous puissions témoigner, un des rares faits qui soit incontestable.

Notez qu'aujourd'hui, au fond, ça ne les amuse pas de ne rien faire sur les chantiers. Ils aimeraient mieux travailler. Ils ne sont pas en vain de cette race laborieuse. Ils entendent cet appel de la race. La main qui démange, qui a envie de travailler. Le bras qui s'embête, de ne rien faire. Le sang qui court dans les veines. La tête qui travaille et qui par une sorte de convoitise, anticipée, par une sorte de préemption, par une véritable anticipation s'empare d'avance de l'ouvrage fait. Comme leurs pères ils entendent ce sourd appel du travail qui veut être fait. Et au fond ils se dégoûtent d'eux-mêmes, d'abîmer les outils. Mais voilà, des messieurs très bien, des savants, des bourgeois leur ont expliqué que c'était ça le socialisme, et que c'était ça la révolution.

Car on ne saurait trop le redire. Tout le mal est venu de la bourgeoisie. Toute l'aberration, tout le crime. C'est la bourgeoisie capitaliste qui a infecté le peuple. Et elle l'a précisément infecté d'esprit bourgeois et capitaliste.

Je dis expressément la bourgeoisie capitaliste et la grosse bourgeoisie. La bourgeoisie laborieuse au contraire, la petite bourgeoisie est devenue la classe la plus malheureuse de toutes les classes sociales, la seule aujourd'hui qui travaille réellement, la seule qui par suite ait conservé intactes les vertus ouvrières, et pour sa récompense la seule enfin qui vive réellement dans la misère. Elle seule a tenu le coup, on se demande par quel miracle, elle seule tient encore le coup, et s'il y a quelque rétablissement, c'est que c'est elle qui aura conservé le statut.

Ainsi les ouvriers n'ont point conservé les vertus ouvrières ; et c'est la petite bourgeoisie qui les a conservées.

La bourgeoisie capitaliste par contre a tout infecté. Elle s'est infectée elle-même et elle a infecté le peuple, de la même infection. Elle a infecté le peuple doublement ; et en elle-même restant elle-même ; et par les portions transfuges d'elle-même qu'elle a inoculées dans le peuple.

Elle a infecté le peuple comme antagoniste ; et comme maîtresse d'enseignement.

Elle a infecté le peuple elle-même, en elle-même et restant elle-même. Si la bourgeoisie était demeurée non pas tant peut-être ce qu'elle était que ce qu'elle avait à être et ce qu'elle pouvait être, l'arbitre économique de la valeur qui se vend, la classe ouvrière ne demandait qu'à demeurer ce qu'elle avait toujours été, la source économique de la valeur qui se vend.

On ne saurait trop le redire, c'est la bourgeoisie qui a commencé à saboter et tout le sabotage a pris naissance dans la bourgeoisie. C'est parce que la bourgeoisie s'est mise à traiter comme une valeur de bourse le travail de l'homme que le travailleur s'est mis, lui aussi, à traiter comme une valeur de bourse son propre travail. C'est parce que la bourgeoisie s'est mise à faire perpétuellement des coups de bourse sur le travail de l'homme que le travailleur, lui aussi, par imitation, par collusion et encontre, et on pourrait presque dire par entente, s'est mis à faire continuellement des coups de bourse sur son propre travail. C'est parce que la bourgeoisie s'est mise à exercer un chantage perpétuel sur le travail de l'homme que nous vivons sous ce régime de coups de bourse et de chantage perpétuel que sont notamment les grèves : ainsi est disparue cette notion du juste prix, dont nos intellectuels bourgeois font aujourd'hui des gorges chaudes, mais qui n'en a pas moins été le durable fondement de tout un monde.

Car, et c'est ici la deuxième et la non moins redoutable infection : en même temps que la bourgeoisie introduisait et pratiquait en grand le sabotage pour son propre compte, en même temps elle introduisait dans le monde ouvrier les théoriciens patentés du sabotage. En même temps qu'en face elle en donnait l'exemple et le modèle, en même temps dedans elle en donnait l'enseignement. Le parti *politique* socialiste est entièrement composé de bourgeois intellectuels. Ce sont eux qui ont inventé le sabotage et la double désertion, la désertion du travail, la désertion de l'outil. Pour ne point parler ici de la désertion militaire, qui est un cas particulier de la grande désertion, comme la gloire militaire était un cas particulier de la grande gloire. Ce sont eux qui ont fait croire au peuple que c'était cela le socialisme et que c'était cela la révolution. Les partis *syndicalistes* socialistes ont pu croire plus ou moins sincèrement qu'ils opéraient ou qu'ils constituaient par eux-mêmes une réaction contre les partis politiques, contre le parti unifié ; par un phénomène historique très fréquent, par une application nouvelle et une vérification nouvelle d'une très vieille loi des antagonismes cette réaction à une politique est elle-même politique, ce parti constitué est lui-même un nouveau parti politique, un autre parti politique, un antagoniste parti politique. Les partis syndicalistes sont eux-mêmes, eux autant, infestés, et infectés d'éléments politiques, les mêmes, d'autres intellectuels, des mêmes, d'autres bourgeois, des mêmes. Ils ont pu croire plus ou moins sincèrement qu'ils s'étaient débarrassés de l'ancien personnel politique socialiste. Ils ne se sont pas débarrassés de l'ancien esprit politique socialiste, qui était éminemment un esprit bourgeois, nullement un esprit peuple. À première vue il peut sembler qu'il y a beaucoup plus de véritables ouvriers dans le personnel socialiste syndicaliste que dans le personnel politique socialiste, qui lui est pour ainsi dire entièrement composé de bourgeois. Et c'est vrai si on veut, si on procède, si on veut voir, si on veut compter par les méthodes superficielles d'un recensement sociologique. Ce n'est vrai qu'en apparence. En réalité ils sont encore infiltrés, et infectés, d'éléments intellectuels purs, purement bourgeois. Et surtout le très grand nombre d'ouvriers qu'on y voit ne sont pas réellement des ouvriers, ne procèdent pas réellement, directement du peuple, purement de l'ancien peuple. Ce sont en réalité des ouvriers de deuxième zone, de la deuxième formation, des ouvriers embourgeoisés, (les pires des bourgeois), des ouvriers si je puis dire endimanchés dans la bourgeoisie, des intellectuels aux entournures, les pires des intellectuels, des ouvriers avantageux, encore plus sots, s'il est possible, que les bourgeois leurs modèles et que les intellectuels leurs maîtres, des malheureux non seulement pourris d'orgueil mais entravés dans un orgueil gauche, embarbouillés dans des métaphysiques où alors ils ne comprennent plus rien du tout, des ouvriers avantageux, coupés de leur peuple, abtronqués de leur race, pour tout dire d'un mot des malheureux qui font le malin.

On ne saurait trop le redire. Tout ce monde-là est jauressiste. C'est-à-dire qu'au fond tout ce monde-là est radical. C'est-à-dire bourgeois. C'est partout la même démagogie ; et c'est partout la même viduité ; l'une portant l'autre ; l'autre reportant l'une. Cette pauvreté de pensée, peut-être unique dans l'histoire du monde, ce manque de coeur qui est en politique la marque propre du parti radical a dans un commun jauressisme gagné tout le parti socialiste politique et de proche en proche le parti syndicaliste. Tout ce monde-là est au fond du monde radical. Même indigence, même lamentable pauvreté de pensée. Même manque de coeur. Même manque de race. Même manque de peuple. Même manque de travail. Même manque d'outil. Partout les mêmes embarras gauches. Partout les mêmes éloquences. Partout le même parlementarisme, les mêmes superstitions, les mêmes truquements parlementaires, les mêmes basculements. Partout ce même orgueil creux, ces bras raides, ces doigts d'orateurs, ces mains qui ne savent pas manier l'outil. Partout ces mêmes embarras métaphysiques. Et ces têtes comme des noisettes. Ils ont pu donner une autre matière, un autre point d'application à leur radicalisme, ou faire semblant. Mais le mode même et l'être de leur radicalisme est le même. Même infécondité profonde et même besoin d'infécondité. Et ce même besoin profond de ne point être rassurés, sur les autres, sur eux-mêmes, tant qu'ils n'éprouvent pas ce bon sentiment d'infécondité. Ce désarroi perpétuel, cette anxiété, cette mortelle inquiétude, cette alerte perpétuelle, cette constante épouvante qu'il n'y ait, qu'il ne vienne quelque part de la fécondité, qu'il ne se fasse, qu'il ne vienne, qu'il ne se fonde, qu'il ne naisse quelque vie, quelque race, quelque oeuvre.

Je ne veux point revenir ici sur ce nom de Jaurès. L'homme qui représente en France la politique impériale allemande est tombé au-dessous du mépris qui puisse s'adresser le plus bas. Ce représentant en France de la politique impérialiste allemande, capitaliste allemande, et particulièrement coloniale allemande est tombé dans un mépris universel. Ce traître par essence a pu trahir une première fois le socialisme au profit des partis bourgeois. Il a pu trahir une deuxième fois le dreyfusisme au profit de la raison d'État. Et à quelques autres profits. Il a pu trahir ces deux mystiques au profit de ces deux politiques. Il a essayé de trahir une troisième fois. Il a essayé de trahir la France même au profit de la politique allemande. Et de la politique allemande la plus bourgeoise. Il a ici rencontré une résistance qui doit l'avertir de ce qui l'attend dans le honteux couronnement de sa carrière et que tant de turpitudes ne trouveront peut-être pas toujours une égale réussite. Ce qu'il avait fait du socialisme, ce qu'il avait fait du dreyfusisme, il voulait le faire de la France aussi. Une misérable loque. Mais il s'est trouvé que la France était mieux gardée.

Je demande pardon au lecteur de prononcer ici le nom de M. Jaurès. C'est un nom qui est devenu si bassement ordurier que quand on l'écrit pour l'envoyer aux imprimeurs on a l'impression que l'on a peur de tomber sous le coup d'on ne sait quelles lois pénales. L'homme qui a infecté de radicalisme et le socialisme et le dreyfusisme. Cette espèce de Mac-Mahon de l'éloquence parlementaire. L'homme qui a toujours capitulé devant toutes les démagogies. Et non seulement qui a capitulé mais qui a toujours enguirlandé toutes les capitulations des festonnements de ses airs de bravoure. Et non seulement qui a toujours capitulé lui-même et pour lui-même, mais qui a toujours eu la manie, maladive, la monomanie, de capituler non seulement pour toutes les causes qu'il représentait, plus ou moins utilement, mais pour un tas de causes que jamais personne n'avait pensé à lui confier, et dont il avait la manie de se charger lui-même. Il a tellement le vice et le goût abject de la capitulation que non seulement il capitule chez lui et dans ses propres causes, mais il s'empare partout de n'importe quelles causes, uniquement pour les faire capituler. Ce tambour-major de la capitulation. Cet homme qui n'a jamais été qu'un radical, et même un radical opportuniste, un radical centre gauche, et qui a infecté de radicalisme précisément tout ce qui était le contraire du radicalisme, tout ce qui pouvait espérer échapper un peu au radicalisme.

Ce que je veux dire aujourd'hui de M. Jaurès, c'est ceci seulement. Que peut-il y avoir de commun entre cet homme et le peuple, entre ce gros bourgeois parvenu, ventru, aux bras de poussah, et un homme qui travaille. En quoi est-il du peuple. En quoi sait-il un peu ce que c'est que le peuple. Qu'est-ce qu'il a de commun avec un ouvrier. Et n'est-ce pas la plus grande misère de ce temps, que ce soit un tel homme qui parle pour le peuple, qui parle dans le peuple, qui parle du peuple.

Tout ce que je voulais dire aujourd'hui, c'est que ce grand mépris que l'on a universellement pour M. Jaurès empêche de voir que tout le monde (je dis dans les partis politiques), fait du jauressisme, et ainsi du radicalisme. Le gouvernement en fait beaucoup moins, même quand il est radical, même quand c'est le même personnel, parce que le radicalisme est bon pour exploiter un pays, mais que tout le monde, et même les radicaux, le trouvent vraiment impossible pour le gouverner.

Sous cette réserve tout le monde fait du jauressisme et ainsi dedans tout le monde fait du radicalisme. Je dis tout le monde dans les partis politiques. Et même et peut-être surtout ceux qui se vantent le plus de n'en pas faire, et de faire le contraire. Les unifiés en font, mais les syndicalistes aussi en font, et autant, et le même. En France tout le monde est radical. (Je ne dis pas dans le gouvernement, je dis dans la politique.) Le peu qui ne sont pas radicaux sont cléricaux, et c'est la même chose.

C'est une grande misère que de voir des ouvriers écouter un Jaurès. Celui qui travaille écouter celui qui ne fait rien. Celui qui a un outil dans la main écouter celui qui n'a dans la main qu'une forêt de poils. Celui qui sait enfin écouter celui qui ne sait pas, et croire que c'est l'autre qui sait.

À présent que l'on ne me fasse pas dire ce que je ne dis pas. Je dis : Nous avons connu un peuple que l'on ne reverra jamais.

Je ne dis pas : On ne verra jamais de peuple. Je ne dis pas : La race est perdue. Je ne dis pas : Le peuple est perdu. Je dis : Nous avons connu un peuple que l'on ne reverra jamais. On en verra d'autres. Depuis plusieurs années des symptômes se multiplient qui laissent entrevoir un avenir meilleur. Aujourd'hui est meilleur qu'hier, demain sera meilleur qu'aujourd'hui. Le bon sens de ce peuple n'est peut-être point tari pour toujours. Les vertus uniques de la race se retrouveront peut-être. Elles se retrouveront sans doute. Il faut seulement savoir que nous passons, mettons que nous venons de passer par la plus mauvaise crise par laquelle ce peuple ait jamais eu à passer. Et en outre par une crise entièrement nouvelle. Et en outre par une crise dont on ne pouvait avoir aucune idée. Il ne faut pas dire : Cette race en a vu bien d'autres, elle verra bien encore celle-là, comme dans la chanson :

J'en ai oublié bien d'autres,
J'oublierai bien celui-là.

Il faut dire : Cette race en a vu beaucoup d'autres. Elle n'en a jamais vu autant. Elle n'en a jamais vu de pareille. Elle passera bien celui-là. Aussi. En plus. Elle a dans les veines le plus beau sang charnel. Et elle a des patrons comme il n'y en a pas dans le monde.

Il y a d'autres sagesses. Il y a d'autres formes. Il y a d'autres statuts. Il y a une sagesse avertie, une sagesse vaccinée, une sagesse sérieuse, une sagesse sévère, une sagesse *après*. Mais comment ne pas regretter la sagesse *d'avant*, comment ne pas donner un dernier souvenir à cette innocence que nous ne reverrons plus. On ne peut se représenter quelle était alors la santé de cette race. Et surtout cette bonne humeur, générale, constante, ce climat de bonne humeur. Et ce bonheur, ce climat de bonheur. Evidemment on ne vivait point encore dans l'égalité. On n'y pensait même pas, à l'égalité, j'entends à une égalité sociale. Une inégalité commune, communément acceptée, une inégalité générale, un ordre, une hiérarchie qui paraissait naturelle ne faisaient qu'étager les différents niveaux d'un commun bonheur. On ne parle aujourd'hui que de l'égalité. Et nous vivons dans la plus monstrueuse inégalité économique que l'on n'ait jamais vue dans l'histoire du monde. On vivait alors. On avait des enfants. Ils n'avaient aucunement cette impression que nous avons d'être au bagne. Ils n'avaient pas comme nous cette impression d'un étranglement économique, d'un collier de fer qui tient à la gorge et qui se serre tous les jours d'un cran. Ils n'avaient point inventé cet admirable mécanisme de la grève moderne à jet continu, qui fait toujours monter les salaires d'un tiers, et le prix de la vie d'une bonne moitié, et la misère, de la différence.

De tout ce peuple les meilleurs étaient peutêtre encore ces bons citoyens qu'étaient nos instituteurs. Il est vrai que ce n'était point pour nous des instituteurs, ou à peine. C'étaient des maîtres d'école. C'était le temps où les contributions étaient encore des impôts. J'essaierai de rendre un jour si je le puis ce que c'était alors que le personnel de l'enseignement primaire. C'était le civisme même, le dévouement sans mesure à l'intérêt commun. Notre jeune *école normale* était le foyer de la vie laïque, de l'invention laïque dans tout le département, et même j'ai comme une idée qu'elle était un modèle et en cela et en tout pour les autres départements, au moins pour les départements limitrophes. Sous la direction de notre directeur particulier, le directeur de l'école annexe, de jeunes maîtres de l'école normale venaient chaque semaine nous faire l'école. Parlons bien : ils venaient nous faire la classe. Ils étaient comme les jeunes Bara de la République. Ils étaient toujours prêts à crier *Vive la République* ! — Vive la nation, on sentait qu'ils l'eussent crié jusque sous le sabre prussien. Car l'ennemi, pour nous, confusément tout l'ennemi, l'esprit du mal, c'était les Prussiens. Ce n'était déjà pas si bête. Ni si éloigné de la vérité. C'était en 1880. C'est en 1913. Trente-trois ans. Et nous y sommes revenus.

Nos jeunes maîtres étaient beaux comme des hussards noirs. Sveltes ; sévères ; sanglés. Sérieux, et un peu tremblants de leur précoce, de leur soudaine omnipotence. Un long pantalon noir, mais, je pense, avec un liséré violet. Le violet n'est pas seulement la couleur des évêques, il est aussi la couleur de l'enseignement primaire. Un gilet noir. Une longue redingote noire, bien droite, bien tombante, mais deux croisements de palmes violettes aux revers. Une casquette plate, noire, mais un recroisement de palmes violettes au-dessus du front. Cet uniforme civil était une sorte d'uniforme militaire encore plus sévère, encore plus militaire, étant un uniforme civique. Quelque chose, je pense, comme le fameux *cadre noir* de Saumur. Rien n'est beau comme un bel uniforme noir parmi les uniformes militaires. C'est la ligne elle-même. Et la sévérité. Porté par ces gamins qui étaient vraiment les enfants de la République. Par ces jeunes hussards de la République. Par ces nourrissons de la République. Par ces hussards noirs de la sévérité. Je crois avoir dit qu'ils étaient très vieux. Ils avaient au moins quinze ans. Toutes les semaines il en remontait un de l'école normale vers l'école annexe ; et c'était toujours un nouveau ; et ainsi cette école normale semblait un régiment inépuisable. Elle était comme un immense dépôt, gouvernemental, de jeunesse et de civisme. Le gouvernement de la République était chargé de nous fournir tant de jeunesse et tant d'enseignement.

L'État était chargé de nous fournir tant de sérieux. Cette école normale faisait un réservoir inépuisable. C'était une grande question, parmi les bonnes femmes du faubourg, de savoir si c'était bon pour les enfants, de changer comme ça de maître tous les lundis matin. Mais les partisans répondaient qu'on avait toujours le même maître, qui était le directeur de l'école annexe, qui lui ne changeait pas, et que cette maison-là, puisque c'était l'école normale, était certainement ce qu'il y avait de plus savant dans le département du Loiret et par suite, sans doute, en France. Et dans tous les autres départements. Et il y eut cette fois que le préfet vint *visiter l'école*. Mais ceci m'entraînerait dans des confidences. J'appris alors, (comme j'eusse appris un autre morceau de l'histoire de France), qu'il ne fallait pas l'appeler *monsieur* tout court, mais *monsieur le préfet*. D'ailleurs, je dois le dire, il fut très content de nous. Il s'appelait Joli ou Joly. Nous trouvions très naturel, (et même, entre nous, un peu nécessaire, un peu séant), qu'un préfet eût un nom aussi gracieux. Je ne serais pas surpris que ce fût le même qui encore aujourd'hui, toujours servi par ce nom gracieux, mais l'ayant légèrement renforcé, sous le nom de M. de Joly ou de Joli préside aujourd'hui à Nice (ou présidait récemment) aux destinées des Alpes-Maritimes et reçoit ou recevait beaucoup de souverains. Et les premiers vers que j'aie entendus de ma vie et dont on m'ait dit : *On appelle ça des vers*, c'était les *Soldats de l'an II*

: *Ô soldats de l'an deux, ô guerres, épopées* . On voit que ça m'a servi. Jusque-là je croyais que ça s'appelait des *fables* . Et le premier livre que j'aie reçu en prix, aux vacances de Pâques, c'étaient précisément les *Fables* de La Fontaine. Mais ceci m'entraînerait dans des sentimentalités.

Je voudrais dire quelque jour, et je voudrais être capable de le dire dignement, dans quelle amitié, dans quel beau climat d'honneur et de fidélité vivait alors ce noble enseignement primaire. Je voudrais faire un portrait de tous mes maîtres. Tous m'ont suivi, tous me sont restés obstinément fidèles dans toutes les pauvretés de ma difficile carrière. Ils n'étaient point comme nos beaux maîtres de Sorbonne. Ils ne croyaient point que, parce qu'un homme a été votre élève, on est tenu de le haïr. Et de le combattre ; et de chercher à l'étrangler. Et de l'envier bassement. Ils ne croyaient point que le beau nom d'élève fût un titre suffisant pour tant de vilenie. Et pour venir en butte à tant de basse haine. Au contraire ils croyaient, et si je puis dire ils pratiquaient que d'être maître et élèves, cela constitue une liaison sacrée, fort apparentée à cette liaison qui de la filiale devient la paternelle. Suivant le beau mot de Lapicque ils pensaient que l'on n'a pas seulement des devoirs envers ses maîtres mais que l'on en a aussi et peut-être surtout envers ses élèves. Car enfin ses élèves, on les a faits. Et c'est assez grave.

Ces jeunes gens qui venaient chaque semaine et que nous appelions officiellement des élèves-maîtres, parce qu'ils apprenaient à devenir des maîtres, étaient nos aînés et nos frères. Là j'ai connu, je dis comme élève-maître, cet homme d'un si grand coeur et de tant de bonté qui fit depuis une si belle et si sérieuse carrière scientifique, Charles Gravier, et qui est je pense aujourd'hui assistant de malacologie au muséum. Et qui devrait être plus. Là j'ai connu, dans le personnel même de l'école normale l'économe, M. Lecompte, le type même de ce que tout ce monde avait de sérieux, de sévère, de ponctuel, de juste, de probe, et en même temps de ponctuel et de délicat ; et en même temps de bienveillant et d'ami et de sévèrement affectueux ; et en même temps de silencieux et de modeste et de bien à sa place. En lui se résumait tout l'ordre de cette belle société.

Ces fonctionnaires, ces instituteurs, cet économe ne s'étaient aucunement ni retranchés ni *sortis* du peuple. Du monde ouvrier et paysan. Ni ils ne boudaient aucunement le peuple. Ni ils n'entendaient aucunement le gouverner. À peine le conduire. Il faut dire qu'ils entendaient le former. Ils en avaient le droit, car ils en étaient dignes. Ils n'y ont point réussi, et ce fut un grand malheur pour tout le monde. Mais s'ils n'y ont point réussi, je ne vois pas qui pourrait s'en féliciter. Et qui, à leur place, y a jamais réussi. Et s'ils n'ont pas réussi, c'est que certainement c'était impossible.

Sortis du peuple, mais dans l'autre sens de sortir, fils d'ouvriers, mais surtout de paysans et de petits propriétaires, souvent petits propriétaires eux-mêmes, de quelque lopin de terre quelque part dans le département, ils restaient le même peuple, nullement endimanché je vous prie de le croire, seulement un peu plus aligné, r un peu plus rangé, un peu ordonné dans ces beaux jardins de maisons d'école.

Avant tout ils ne faisaient pas les malins. Ils étaient juste à leur place dans une société bien faite. Ils savaient jusqu'où ils iraient, et aussi ils y parvenaient infailliblement.

C'était en 1880. C'était donc dans toute la fureur et la gloire de l'invention de la laïcisation. Nous ne nous en apercevions pas. Nous étions pourtant bien placés pour nous en apercevoir. Non seulement les écoles normales, nouvellement créées, je pense, non seulement les jeunes écoles normales étaient le coeur et le foyer de la jeune laïcisation, mais notre école normale d'Orléans était une pure entre les pures. Elle était une des têtes et un des coeurs de la laïcisation. M. Naudy personnellement était un grand laïcisateur. Heureuse enfance. Heureuse innocence. Bénédiction sur une bonne race. Tout nous était bon. Tout nous réussissait. Nous prenions de toutes mains et c'étaient toujours de saines nourritures. Nous allions au catéchisme, le jeudi je pense, pour ne pas déranger les heures de classe. Le catéchisme était fort loin de là, en ville, dans notre antique paroisse de Saint-Aignan. Tout le monde n'a pas une paroisse comme ça. Il fallait remonter la moitié du faubourg jusqu'à la porte Bourgogne, descendre la moitié de la rue Bourgogne, tourner cette rue à gauche qui se nommait je crois la rue de l'Oriflamme et traverser le cloître froid comme une cave sous ses marronniers lourds. Nos jeunes vicaires nous disaient exactement le contraire de ce que nous disaient nos jeunes élèves-maîtres, (ou nos jeunes sous-maîtres, comme on les nommait aussi, mais c'était une appellation peut-être un peu moins exacte, et surtout un peu moins élégante). (Un peu moins noble.) Nous ne nous en apercevions pas. La République et l'Eglise nous distribuaient des enseignements diamétralement opposés. Qu'importait, pourvu que ce fussent des enseignements. Il y a dans l'enseignement et dans l'enfance quelque chose de si sacré, il y a dans cette première ouverture des yeux de l'enfant sur le monde, il y a dans ce premier regard quelque chose de si religieux que ces deux enseignements se liaient dans nos coeurs et que nous savons bien qu'ils y resteront éternellement liés. Nous aimions l'Eglise et la République ensemble, et nous les aimions d'un même coeur, et c'était d'un coeur d'enfant, et pour nous c'était le vaste monde, et nos deux amours, la gloire et la foi, et pour nous c'était le nouveau monde. Et à présent … à présent évidemment nous ne les aimons pas sur le même plan, puisqu'on nous a appris qu'il y a des plans. L'Eglise a notre foi, et tout ce qui lui revient. Mais Dieu seul sait combien nous sommes restés engagés d'honneur et de coeur dans cette République, et combien nous sommes résolus à y rester engagés, parce qu'elle fut une des deux puretés de notre enfance.

Nous étions des petits garçons sérieux de cette ville sérieuse, innocents et au fond déjà soucieux. Nous prenions au sérieux tout ce que l'on nous disait, et ce que nous disaient nos maîtres laïques, et ce que nous disaient nos maîtres catholiques. Nous prenions tout au pied de la lettre. Nous croyions entièrement, et également, et de la même créance, à tout ce qu'il y avait dans la grammaire et à tout ce qu'il y avait dans le catéchisme. Nous *apprenions* la grammaire et également et pareillement nous *apprenions* le catéchisme. Nous *savions* la grammaire et également et pareillement nous *savions* le catéchisme. Nous n'avons oublié ni l'un ; ni l'autre. Mais il faut en venir ici à un phénomène beaucoup moins simple. Je veux parler de ce qui s'est passé en nous pour ces deux métaphysiques, puisqu'il est entendu qu'il faut bien qu'il y ait une métaphysique dessous tout. Je l'ai assez dit, du temps que j'étais prosateur.

Nous venons ici à une difficulté extrême, à un point de difficulté. C'est le moment de ne point esquiver les difficultés, surtout celle-ci qui est importante. C'est le moment aussi de prendre ses responsabilités.

Tout le monde a une métaphysique. Patente, latente. Je l'ai assez dit. Ou alors on n'existe pas. Et même ceux qui n'existent pas ont tout de même, ont également une métaphysique. Nos maîtres n'en étaient pas là. Nos maîtres existaient. Et vivement. Nos maîtres avaient une métaphysique. Et pourquoi le taire. Ils ne s'en taisaient pas. Ils ne s'en sont jamais tus. La métaphysique de nos maîtres, c'était la métaphysique scolaire, d'abord. Mais c'était ensuite, c'était ensuite, c'était surtout la métaphysique de la science, c'était la métaphysique ou du moins une métaphysique matérialiste, (ces êtres pleins d'âme avaient une métaphysique matérialiste, mais c'est toujours comme ça), (et en même temps idéaliste, profondément moraliste et si l'on veut kantienne), c'était une métaphysique positiviste, c'était la célèbre métaphysique du progrès. La métaphysique des curés, mon Dieu, c'était précisément la théologie et ainsi la métaphysique qu'il y a dans le catéchisme.

Nos maîtres et nos curés, ce serait un assez bon titre pour un roman. Nos maîtres laïques avaient un certain enseignement, une certaine métaphysique. Nos maîtres curés avaient, donnaient un enseignement diamétralement contraire, une métaphysique diamétralement contraire. Nous ne nous en apercevions pas, je n'ai pas besoin de le dire et aussi bien ce n'est pas cela que je veux dire. Ce que je veux dire est plus grave.

Je l'ai dit, nous croyions intégralement tout ce que l'on nous disait. Nous étions des petits bonshommes sérieux et certainement graves. J'avais entre tous et au plus haut degré cette maladie. Je ne m'en suis jamais guéri. Aujourd'hui même je crois encore tout ce qu'on me dit. Et je sens bien que je ne changerai jamais. D'abord on ne change jamais. J'ai toujours tout pris au sérieux. Cela m'a mené loin. Nous croyions donc intégralement aux enseignements de nos maîtres, et également intégralement aux enseignements de nos curés. Nous absorbions intégralement les ou la métaphysique de nos maîtres, et également intégralement la métaphysique de nos curés. Aujourd'hui je puis dire sans offenser personne que la métaphysique de nos maîtres n'a plus pour nous et pour personne aucune espèce d'existence et la métaphysique des curés a pris possession de nos êtres à une profondeur que les curés eux-mêmes se seraient bien gardés de soupçonner. Nous ne croyons plus un mot de ce qu'enseignaient, des métaphysiques qu'enseignaient nos maîtres. Et nous croyons intégralement ce qu'il y a dans le catéchisme et c'est devenu et c'est resté notre chair. Mais ce n'est pas encore cela que je veux dire.

Nous ne croyons plus un mot de ce que nous enseignaient nos maîtres laïques, et toute la métaphysique qui était dessous eux est pour nous moins qu'une cendre vaine. Nous ne croyons pas seulement, nous sommes intégralement nourris de ce que nous enseignaient les curés, de ce qu'il y a dans le catéchisme. Or nos maîtres laïques ont gardé tout notre coeur et ils ont notre entière confidence. Et malheureusement nous ne pouvons pas dire que nos vieux curés aient absolument tout notre coeur ni qu'ils aient jamais eu notre confidence.

Il y a ici un problème et je dirai même un mystère extrêmement grave. Ne nous le dissimulons pas. C'est le problème même de la déchristianisation de la France. On me pardonnera cette expression un peu solennelle. Et ce mot si lourd. C'est que l'événement que je veux exprimer, que je veux désigner, est peut-être lui-même assez solennel. Et un peu lourd. Il ne s'agit pas ici de nier ; ni de se masquer les difficultés. Il ne s'agit pas de fermer les yeux. Que ceux qui ont la confession n'aient certainement pas la confidence, ce n'est point une explication, c'est un fait, et le centre même de la difficulté.

Je ne crois pas que cela tienne au caractère même du prêtre. Je me rends très bien compte que depuis quelques années je me lie de plus en plus avec de jeunes prêtres qui viennent me voir aux *Cahiers* deux ou trois fois par an. Je n'y éprouve aucune gêne, aucun empêchement. Ces commencements de liaison se font en toute ouverture de coeur, en toute simplicité, en toute ouverture de langage. Vraiment sans aucun sentiment de défense. Comment se fait-il que nous n'ayons jamais eu, même avec nos vieux curés, même avec ceux que nous aimions le plus, même avec ceux que nous aimions filialement, qu'une liaison un peu réticente et un certain sentiment de défense. C'est là un de ces secrets du coeur où l'on trouverait les explications les plus profondes. Nous ne croyons plus un mot de ce que disaient nos vieux maîtres ; et nos maîtres ont gardé tout notre coeur, un maintien, une ouverture entière de confidence. Nous croyons entièrement ce que disaient nos vieux curés, (je n'ose pas dire plus qu'ils ne le croyaient eux-mêmes, parce qu'il ne faut jamais dire ce que l'on pense), et nos vieux curés ont certainement eu notre coeur ; c'étaient de si braves gens, si bons, si dévoués, mais ils n'ont jamais eu de nous cette sorte propre d'entière ouverture de confidence que nous donnions de piano et si libéralement à nos maîtres laïques. Et que nous leur avons gardée toute.

Ce n'est point ici le lieu d'approfondir ce secret. Il y faudrait un dialogue, et même plusieurs, et je ne dis pas que je ne les écrirai pas. C'est le problème même de la déchristianisation temporaire de la France. Il faut qu'il y ait une raison pour que, dans le pays de saint Louis et de Jeanne d'Arc, dans la ville de sainte Geneviève, quand on se met à parler du christianisme, tout le monde comprenne qu'il s'agit de Mac-Mahon, et quand on se prépare à parler de l'ordre chrétien pour que tout le monde comprenne qu'il s'agit du Seize-Mai.

Nos maîtres étaient essentiellement et profondément des hommes de l'ancienne France. Un homme ne se détermine point par ce qu'il fait et encore moins par ce qu'il dit. Mais au plus profond un être se détermine uniquement par ce qu'il est. Qu'importe pour ce que je veux dire que nos maîtres aient eu en effet une métaphysique qui visait à détruire l'ancienne France. Nos maîtres étaient nés dans cette maison qu'ils voulaient démolir. Ils étaient les droits fils de la maison. Ils étaient de la race, et tout est là.

Nous savons très bien que ce n'est pas leur métaphysique qui a mis l'ancienne maison par terre. Une maison ne périt jamais que du dedans. Ce sont les défenseurs du trône et de l'autel qui ont mis le trône par terre, et, autant qu'ils l'ont pu, l'autel.

C'est une des confusions les plus fréquentes, (et je ne veux pas dire les plus primaires), que de confondre précisément l'homme, l'être de l'homme avec ces malheureux personnages que nous jouons. Dans ce fatras et dans cette hâte de la vie moderne on n'examine rien ; il suffit qu'un quiconque fasse quoi que ce soit, (ou même fasse semblant), pour qu'on dise, (et même pour qu'on croie), que c'est là son être. Nulle erreur de compte n'est peut-être aussi fausse et peut-être aussi grave. Par conséquent nulle erreur n'est aussi communément répandue. Un homme est de son extraction, un homme est de ce qu'il est. Il n'est pas de ce qu'il fait pour les autres, pour les successeurs. Ce seront peut-être les autres, ce seront peut-être les successeurs qui seront de cela. Mais lui ne l'est pas.

Le père n'est pas de lui-même, il est de son extraction ; et ce sont ses enfants peut-être qui seront de lui.

Les hommes de la Révolution française étaient des hommes d'Ancien Régime. Ils *jouaient* la Révolution française. Mais ils *étaient* d'Ancien Régime. Et c'est à peine encore si les hommes de 48 ou nous nous sommes de la Révolution française, c'est-à-dire de ce qu'ils voulaient faire de la Révolution française. Et même il n'y en aura peut-être jamais. Ainsi nos bons maîtres laïques introduisaient, *jouaient* des métaphysiques nouvelles. Mais ils *étaient* des hommes de l'ancienne France.

Par contre et pareillement, par une situation contraire et parfaitement analogue tous ces grands tenanciers de l'Ancien Régime parmi nous sont comme tout le monde. Ils sont essentiellement des hommes modernes et généralement modernistes. Ils ne sont aucunement, et encore moins que d'autres, des hommes de l'ancienne France. Ils sont réactionnaires, mais ils sont infiniment moins conservateurs que nous. Ils ne démolissent pas la République, mais ils s'emploient tant qu'ils peuvent à démolir le respect, qui était le fondement même de l'Ancien Régime. On peut dire littéralement que ces partisans de l'Ancien Régime n'ont qu'une idée, qui est de ruiner tout ce que nous avons gardé de beau et de sain de l'Ancien Régime, et qui est encore si considérable. Ils font figure de ligueurs, ils se sont fait une mentalité de ligueurs, oubliant que *la Ligue* n'était sans doute point une institution de la royauté, mais qu'elle en était une maladie au contraire, et l'annonce et l'amorce des temps futurs, le commencement de l'intrigue et de la foule et de la délégation et du nombre et du suffrage et d'on ne sait déjà quelle démocratie parlementaire.

C'est toujours la même histoire, et le même glissement, et le même report, et le même décalage. Parce que c'est toujours la même hâte, et le même superficiel, et le même manque de travail, et le même manque d'attention. On ne regarde pas, on ne fait pas attention à ce que les gens font, à ce qu'ils sont, ni même à ce qu'ils disent. On fait attention à ce qu'ils disent qu'ils font, à ce qu'ils disent qu'ils sont, à ce qu'ils disent qu'ils disent. C'est une maldonne tout à fait analogue à celle qui se produit constamment dans la célèbre grande renaissante querelle des romantiques et des classiques. Et des anciens et des modernes. Pourvu qu'un homme parle de la *matière* classique et pour peu qu'il se déclare partisan du classique, aussitôt il est entendu que c'est un classique. On ne fait pas attention qu'il pense comme un fanatique, sans ordre, et qu'il écrit comme un énergumène, et comme un frénétique, sans ordre et sans raison, et qu'il parle du classique en romantique, et qu'il défend et qu'il prêche le classique en romantique, et qu'il est donc un romantique, un être romantique. Et nous, qui ne faisons pas tant de foin, c'est nous qui sommes classique.

Et les théoriciens de la clarté font les livres troubles.

Pareillement, et encore, dès qu'un auteur travaille dans la *matière* chrétienne nous le faisons chrétien ; écrivît-il dans un profond désordre, nous en faisons le restaurateur de l'ordre ; et sa mécanique de scène fût-elle exactement celle de *Marie Tudor* et d'*Angelo*, et celle de *Lucrèce Borgia*, nous ne voulons pas voir qu'au théâtre il est un romantique. Et un forcené.

Nos vieux maîtres n'étaient pas seulement des hommes de l'ancienne France. Ils nous enseignaient, au fond, la morale même et l'être de l'ancienne France. Je vais bien les étonner : ils nous enseignaient la même chose que les curés. Et les curés nous enseignaient la même chose qu'eux. Toutes leurs contrariétés métaphysiques n'étaient rien en comparaison de cette communauté profonde qu'ils étaient de la même race, du même temps, de la même France, du même régime. De la même discipline. Du même monde. Ce que les curés disaient, au fond les instituteurs le disaient aussi. Ce que les instituteurs disaient, au fond les curés le disaient aussi. Car les uns et les autres ensemble ils disaient.

Les uns et les autres et avec eux nos parents et dès avant eux nos parents ils nous disaient, ils nous enseignaient cette stupide morale, qui a fait la France, qui aujourd'hui encore l'empêche de se défaire. Cette stupide morale à laquelle nous avons tant cru. À laquelle, sots que nous sommes, et peu scientifiques, malgré tous les démentis du fait, à laquelle nous nous raccrochons désespérément dans le secret de nos coeurs. Cette pensée fixe de notre solitude, c'est d'eux tous que nous la tenons. Tous les trois ils nous enseignaient cette morale, ils nous disaient que un homme qui travaille bien et qui a de la conduite est toujours sûr de ne manquer de rien. Ce qu'il y a de plus fort c'est qu'ils le croyaient. Et ce qu'il y a de plus fort, c'est que *c'était* vrai.

Les uns paternellement, et maternellement ; les autres scolairement, intellectuellement, laïquement ; les autres dévotement, pieusement ; tous doctement, tous paternellement, tous avec beaucoup de coeur ils enseignaient, ils croyaient, ils *constataient* cette morale stupide : (notre seul recours ; notre secret ressort) : qu'un homme qui travaille tant qu'il peut, et qui n'a aucun grand vice, qui n'est ni joueur, ni ivrogne, est toujours sûr de ne jamais manquer de rien et comme disait ma mère qu'il aura toujours du pain pour ses vieux jours. Ils croyaient cela tous, d'une croyance antique et enracinée, d'une créance indéracinable, indéracinée, que l'homme raisonnable et plein de conduite, que le laborieux était parfaitement assuré de ne jamais mourir de faim. Et même qu'il était assuré de pouvoir toujours nourrir sa famille. Qu'il trouverait toujours du travail et qu'il gagnerait toujours sa vie.

Tout cet ancien monde était essentiellement le monde de *gagner sa vie*.

Pour parler plus précisément ils croyaient que l'homme qui se cantonne dans la pauvreté et qui a, même moyennement, les vertus de la pauvreté, y trouve une petite sécurité totale. Ou pour parler plus profondément ils croyaient que le pain quotidien est assuré, par des moyens purement temporels, par le jeu même des balancements économiques, à tout homme qui ayant les vertus de la pauvreté consent, (comme d'ailleurs on le doit), à se borner dans la pauvreté. (Ce qui d'ailleurs pour eux était en même temps et en cela même non pas seulement le plus grand bonheur, mais le seul bonheur même que l'on pût imaginer.) (Bien se loger dans une petite maison de pauvreté.)

On se demande où a pu naître, comment a pu naître une croyance aussi stupide, (notre profond secret, notre dernière et notre secrète règle, notre règle de vie secrètement caressée) ; on se demande où a pu naître, comment a pu naître une opinion aussi déraisonnable, un jugement sur la vie aussi pleinement indéfendable. Que l'on ne cherche pas. Cette morale n'était pas stupide. Elle était juste alors. Et même elle était la seule juste. Cette croyance n'était pas absurde. Elle était fondée en fait. Et même elle était la seule fondée en fait. Cette opinion n'était point déraisonnable, ce jugement n'était point indéfendable. Il procédait au contraire de la réalité la plus profonde de ce temps-là.

On se demande souvent d'où est née, comment est née cette vieille morale classique, cette vieille morale traditionnelle, cette vieille morale du labeur et de la sécurité dans le salaire, de la sécurité dans la récompense, pourvu que l'on se bornât dans les limites de la pauvreté, et par suite et enfin de la sécurité dans le bonheur. Mais c'est précisément ce qu'ils voyaient ; tous les jours. Nous, c'est ce que nous ne voyons jamais, et nous nous disons : Où avaient-ils inventé ça. Et nous croyons, (parce que c'étaient des maîtres d'école, et des curés, c'est-à-dire en un certain sens encore des maîtres d'école), nous croyons que c'était une invention, scolaire, intellectuelle. Nullement. Non. C'était cela au contraire qui était la réalité, même. Nous avons connu un temps, nous avons touché un temps où c'était cela qui était la réalité. Cette morale, cette vue sur le monde, cette vue du monde avait au contraire tous les sacrements scientifiques. C'était elle qui était d'usage, d'expérience, pratique, empirique, expérimentale, de fait constamment accompli. C'était elle qui savait. C'était elle qui avait vu. Et c'est peut-être là la différence la plus profonde, l'abîme qu'il y ait eu entre tout ce grand monde antique, païen, chrétien, français, et notre monde moderne, coupé comme je l'ai dit, à la date que j'ai dit. Et ici nous recoupons une fois de plus cette ancienne proposition de nous que le monde moderne, lui seul et de son côté, se contrarie d'un seul coup à tous les autres mondes, à tous les anciens mondes ensemble en bloc et de leur côté. Nous avons connu, nous avons touché un monde, (enfants nous en avons participé), où un homme qui se bornait dans la pauvreté était au moins garanti dans la pauvreté. C'était une sorte de contrat sourd entre l'homme et le sort, et à ce contrat le sort n'avait jamais manqué avant l'inauguration des temps modernes. Il était entendu que celui qui faisait de la fantaisie, de l'arbitraire, que celui qui introduisait un jeu, que celui qui voulait s'évader de la pauvreté risquait tout. Puisqu'il introduisait le jeu, il pouvait perdre. Mais celui qui ne jouait pas ne pouvait pas perdre. Ils ne pouvaient pas soupçonner qu'un temps venait, et qu'il était déjà là, et c'est précisément le temps moderne, où celui qui ne jouerait pas perdrait tout le temps, et encore plus sûrement que celui qui joue.

Ils ne pouvaient pas prévoir qu'un tel temps venait, qu'il était là, que déjà il surplombait. Ils ne pouvaient pas même supposer qu'il y eût jamais, qu'il dût y avoir un tel temps. Dans leur système, qui était le système même de la réalité, celui qui bravait risquait évidemment tout, mais celui qui ne bravait pas ne risquait absolument rien. Celui qui tentait, celui qui voulait s'évader de la pauvreté, celui qui jouait de s'évader de la pauvreté risquait évidemment de retomber dans les plus extrêmes misères. Mais celui qui ne jouait pas, celui qui se bornait dans la pauvreté, ne jouant, n'introduisant aucun risque, ne courait non plus aucun risque de tomber dans aucune misère. L'acceptation de la pauvreté décernait une sorte de brevet, instituait une sorte de contrat. L'homme qui résolument se bornait dans la pauvreté n'était jamais traqué dans la pauvreté. C'était un réduit. C'était un asile. Et il était sacré. Nos maîtres ne prévoyaient pas, et comment eussent-ils soupçonné, comment eussent-ils imaginé ce purgatoire, pour ne pas dire cet enfer du monde moderne où celui qui ne joue pas perd, et perd toujours, où celui qui se borne dans la pauvreté est incessamment poursuivi dans la retraite même de cette pauvreté.

Nos maîtres, nos anciens ne pouvaient prévoir, ne pouvaient imaginer cette mécanique, cet automatisme économique du monde moderne où tous nous nous sentons d'année en année plus étranglés par le même carcan de fer qui nous serre plus fort au cou.

Il était entendu que celui qui voulait sortir de la pauvreté risquait de tomber dans la misère. C'était son affaire. Il rompait le contrat conclu avec le sort. Mais on n'avait jamais vu que celui qui voulait se borner dans la pauvreté fût condamné à retomber perpétuellement dans la misère. On n'avait jamais vu que ce fût le sort qui rompît le contrat. Ils ne connaissaient pas, ils ne pouvaient prévoir cette monstruosité, moderne, cette tricherie, nouvelle, cette invention, cette rupture du jeu, que celui qui ne joue pas perdît continuellement.

(Etant donné que nous faisons de la pauvreté à la misère cette différence par les définitions, cette discrimination si profonde et qui va si loin qu'il y a de l'une à l'autre, détermination que j'avais commencé de reconnaître, à propos de l'admirable roman de Lavergne, dans un cahier intitulé *De Jean Coste* .)

Dans le système de nos bons maîtres, curés et laïques, et laïcisateurs, et c'était le même système de la réalité, celui qui voulait sortir de la pauvreté par en haut risquait d'en sortir, d'en être précipité par en bas. Il n'avait rien à dire. Il avait dénoncé le pacte. Mais la pauvreté était sacrée. Celui qui ne jouait pas, celui qui ne voulait pas s'en évader par en haut ne courait aucun risque d'en être précipité par en bas. *Fideli fidelis* , à celui qui lui était fidèle la pauvreté était fidèle. Et à nous il nous était réservé de connaître une pauvreté infidèle.

À nous il nous était réservé que la pauvreté même nous fût infidèle. Pour tout dire d'un mot à nous il nous était réservé que le mariage même de la pauvreté fût un mariage adultère.

En d'autres termes ils ne pouvaient prévoir, ils ne pouvaient imaginer cette monstruosité du monde moderne, (qui déjà surplombait), ils n'avaient point à concevoir ce monstre d'un Paris comme est le Paris moderne où la population est coupée en deux classes si parfaitement séparées que jamais on n'avait vu tant d'argent rouler pour le plaisir, et l'argent se refuser à ce point au travail.

Et tant d'argent rouler pour le luxe et l'argent se refuser à ce point à la pauvreté.

En d'autres termes, en un autre terme ils ne pouvaient point prévoir, ils ne pouvaient point soupçonner ce règne de l'argent. Ils pouvaient d'autant moins le prévoir que leur sagesse était la sagesse antique même. Elle venait de loin. Elle datait de la plus profonde antiquité, par une filiation temporelle, par une descendance naturelle que nous essayerons peut-être d'approfondir un jour.

Il y a toujours eu des riches et des pauvres, et *il y aura toujours des pauvres parmi vous*, et la guerre des riches et des pauvres fait la plus grosse moitié de l'histoire grecque et de beaucoup d'autres histoires et l'argent n'a jamais cessé d'exercer sa puissance et il n'a point attendu le commencement des temps modernes pour effectuer ses crimes. Il n'en est pas moins vrai que le mariage de l'homme avec la pauvreté n'avait jamais été rompu. Et au commencement des temps modernes il ne fut pas seulement rompu, mais l'homme et la pauvreté entrèrent dans une infidélité éternelle.

Quand on dit les anciens, au regard des temps modernes, il faut entendre ensemble et les anciens Anciens et les anciens chrétiens. C'était le principe même de la sagesse antique que celui qui voulait sortir de sa condition les dieux le frappaient sans faute. Mais ils frappaient beaucoup moins généralement celui qui ne cherchait pas à s'élever au-dessus de sa condition. Il nous était réservé, il était réservé au temps moderne que l'homme fût frappé dans sa condition même.

Au regard du temps moderne l'antique et le chrétien vont ensemble, sont ensemble : les deux antiques, l'hébreu, le grec. Le chrétien était autrefois un antique. Jusqu'en 1880. Il faut aujourd'hui qu'il soit un moderne. Tels sont les commandements de ces gouvernements temporels. Telles sont les prises de ces saisons du monde. Il est indéniable que les moeurs chrétiennes elles-mêmes ont subi cette rétorsion profonde. Il nous était réservé d'inaugurer ce nouvel état. En somme la chrétienté avait peu à peu étendu au temporel cette parole que *qui s'abaisse sera élevé*, et que *qui s'élève sera abaissé*. Ainsi entendue, en ce sens, temporel, ce n'est pas seulement la parole de David, *Déposuit potentes* ; *et exaltavit* ; c'est presque la parole antique même. La parole d'Hésiode et d'Homère ; et de Sophocle et d'Eschyle. Il nous était réservé d'inaugurer ce régime où celui qui ne s'élève pas est abaissé tout de même.

J'étais depuis un an dans cette petite école primaire annexée à notre école normale primaire quand M. Naudy fut nommé directeur de cette école normale, venant d'un autre chef-lieu moins important où il avait passé peut-être une dizaine d'années. C'était je pense en 1881. C'était un homme d'une profonde culture, sorti des études secondaires et qui je le crois bien avait fait son droit. Comme beaucoup d'autres il s'était pour ainsi dire jeté dans l'enseignement primaire au lendemain de la guerre, dans ce besoin de reconstruction civique auquel en définitive nous devons le rétablissement de la France. D'autres en avaient fait autant, qui firent par ce mouvement de grandes carrières temporelles. M. Naudy était soucieux de fonder, nullement de se faire une carrière temporelle. Il avait ce tempérament de fondateur, qui est si beau, qui fut si fréquent dans les commencements de la Troisième République. J'avoue que c'était une rudement belle chose que cette école normale d'instituteurs où nous étions comme de petits pupilles, et que c'était jeune, et que ça battait neuf, et que ça marchait. Le jardin était taillé comme une page de grammaire et donnait cette satisfaction parfaite que peut seule apporter une page de grammaire. Les arbres s'alignaient comme de jeunes exemples. (Avec, seulement, le peu d'exceptions qu'il faut, les quelques exceptions pour confirmer la règle.) (Je les ai revus. On ne sait comment il se fait que ces arbres aujourd'hui sont devenus quarantenaires.) Nous y revînmes du lycée, quand devenus jeunes lycéens nous entretenions des concours constants de sport avec les jeunes normaliens. Car on venait d'inventer aussi le sport, et de fonder cette autre fondation. Mais ceci m'entraînerait dans des complexités.

Ainsi M. Naudy vint vers nous comme un surdirecteur. Officiellement il ne dirigeait que l'école normale. Mais son activité débordante ne pouvait ignorer, ou négliger la filiale. Dirai-je qu'il me distingua. Ce serait parler grossièrement. Il se fit bientôt mon maître et mon père. J'ai dit plus haut qu'il était l'homme du monde à qui je devais le plus : il me fit entrer en sixième.

Le fils de bourgeoisie qui entre en sixième comme il a des bonnes et du même mouvement ne peut pas se représenter ce point de croisement que pouvait être pour moi d'entrer ou de ne pas entrer en sixième ; et ce point d'invention, d'y entrer. J'étais déjà parti, j'avais déjà dérapé sur l'autre voie, j'étais perdu quand M. Naudy, avec cet entêtement de fondateur, avec cette sorte de rude brutalité qui faisaient vraiment de lui un patron et un maître, réussit à me ressaisir et à me renvoyer en sixième. Après mon certificat d'études on m'avait naturellement placé, je veux dire qu'on m'avait *mis* à l'école primaire supérieure d'Orléans, (que d'écoles, mais il faut bien étudier), (qui se nommait alors l'école professionnelle). M. Naudy me rattrapa si je puis dire par la peau du cou et avec une bourse municipale me fit entrer en sixième à Pâques, dans l'excellente sixième de M. Guerrier. *Il faut qu'il fasse du latin* , avait-il dit : c'est la même forte parole qui aujourd'hui retentit victorieusement en France de nouveau depuis quelques années . Ce que fut pour moi cette entrée dans cette sixième à Pâques, l'étonnement, la nouveauté devant *rosa, rosae* , l'ouverture de tout un monde, tout autre, de tout un nouveau monde, voilà ce qu'il faudrait dire, mais voilà ce qui m'entraînerait dans des tendresses. Le grammairien qui une fois la première ouvrit la grammaire latine sur la déclinaison de *rosa, rosae* n'a jamais su sur quels parterres de fleurs il ouvrait l'âme de l'enfant. Je devais retrouver presque tout au long de l'enseignement secondaire cette grande bonté affectueuse et paternelle, cette piété du patron et du maître que nous avions trouvée chez tous nos maîtres de l'enseignement primaire. Guerrier, Simore, Doret en sixième, en cinquième, en quatrième. Et en troisième ce tout à fait excellent homme qui arrivait des Indes occidentales et dont il faudra que je retrouve le nom. Il arrivait proprement *des îles* . Cette grande bonté, cette grande piété descendante de tuteur et de père, cette sorte d'avertissement constant, cette longue et patiente et douce fidélité paternelle, un des tout à fait plus beaux sentiments de l'homme qu'il y ait dans le monde, je l'avais trouvée tout au long de cette petite école primaire annexée à l'école normale d'instituteurs d'Orléans. Je la retrouvai presque tout au long du lycée d'Orléans. Je la retrouvai à Lakanal, éminemment chez le père Édet, et alors poussée pour ainsi dire en lui à son point de perfection. Je la retrouvai à Sainte-Barbe. Je la retrouvai à Louis-Le-Grand, notamment chez Bompard. Je la retrouvai à l'École, notamment chez un homme comme Bédier, et chez un homme comme Georges Lyon. Il fallut que j'en vinsse à la Sorbonne pour connaître, pour découvrir, avec une stupeur d'ingénu de théâtre, ce que c'est qu'un maître qui en veut à ses élèves, qui sèche d'envie et de jalousie, et du besoin d'une domination tyrannique ; précisément parce qu'il est leur maître et qu'ils sont ses élèves ; il fallut que j'en vinsse en Sorbonne pour savoir ce que c'est qu'un vieillard aigri, (la plus laide chose qu'il y ait au monde), un maître maigre et aigre et malheureux, un visage flétri, fané, non pas seulement ridé ; des yeux fuyants ; une bouche mauvaise ; des lèvres de distributeurs automatiques ; et ces malheureux qui en veulent à leurs élèves de tout, d'être jeunes, d'être nouveaux, d'être frais, d'être candides, d'être débutants, de ne pas être plies comme eux ; et surtout du plus grand crime : précisément d'être leurs élèves. Cet affreux sentiment de vieille femme.

Qui ne s'est assis à la croisée de deux routes. Je me demande souvent avec une sorte d'anxiété rétrospective, avec un vertige en arrière, où j'allais, ce que je devenais, si je ne fusse point allé en sixième, si M. Naudy ne m'avait point repêché juste à ces vacances de Pâques. J'avais douze ans et trois mois. Il était temps.

On trouvera dans ce cahier les résultats d'une expérience de trente ans, poussée, poursuivie dans l'enseignement primaire par un homme qui n'en était sans doute pas originairement, mais qui s'en était fait sans réserve. Par un homme qui s'en était mis entièrement, sans aucune restriction ni arrière-pensée, par un homme qui en avait fait sa vie. M. Naudy ne quitta l'école normale d'Orléans, après dix ou douze bonnes années de plein exercice, (qui furent vraiment les douze années de la fondation de cette école, et d'où elle sortait comme un bel organisme constitué), que pour prendre à Paris une inspection primaire où je pense qu'il ne resta guère moins de vingt ans. Une fois de plus, une fois après tant d'autres nous avons donc cette bonne fortune qu'il va nous être parlé d'un métier, (et d'un des premiers métiers), par un homme de ce métier ; qui l'a fait trente ans ; et plus ; non point par un homme qui en parle sur des papiers ; mais par un homme qui a exercé ; trente ans ; par un homme de grand sens, d'esprit ouvert, d'une très grande activité, qui y a opéré trente ans, et dans le plus grand détail. Et qui fut toujours particulièrement bien placé pour en parler. Quand il va nous parler d'écoles normales et d'inspections, il ne s'agira point de papiers et de rapports de bureaux sur les écoles normales et sur les inspections, il s'agira des écoles normales et des inspections elles-mêmes. Les idées qui commencent à circuler, et qui figurent aujourd'hui dans un certain nombre de rapports et de projets de loi, il les a eues, celles qu'il fallait, quand il fallait, depuis longtemps, puisées dans une longue expérience.

Je n'ai pas besoin de dire que je n'ai point changé une ligne à la copie de mon ancien maître. On y trouvera certainement, comment dirai-je, une force de jeunesse et pourquoi ne dirais-je pas toute ma pensée une vertu d'illusion que nous n'avons plus. C'est une grande tristesse quand les hommes de soixante ans ont gardé toutes leurs illusions et quand les hommes de quarante ans ne les ont plus. Et c'est encore un signe de ce temps et de l'avènement des temps modernes et rien de cela ne s'était présenté dans aucun autre temps. C'est une grande misère quand les hommes de soixante ans sont jeunes et que les hommes de quarante ans ne le sont plus. Nous aurons été constamment une génération qui aura passé par tous les *minima* et quelquefois par tous les néants de l'histoire contemporaine. C'est ce que j'avais appelé autrefois une génération sacrifiée. Mais je ne sais pas pourquoi je m'obstine à le redire. Les hommes de quarante ans le savent très bien sans qu'on le leur dise. Ceux d'avant et ceux d'après, les hommes de soixante ans, par qui nous avons été sacrifiés, et les hommes de vingt ans, pour qui nous nous sommes sacrifiés, s'en fichent pas mal ; et quand même ils ne s'en ficheraient pas, ils ne le croiront jamais ; et quand même ils le croiraient, ils ne le sauront jamais, quoi qu'on leur en die. C'est ici le principe même de l'enseignement de l'histoire.

Il suit qu'on trouvera dans ce cahier cette même ardeur de laïcisation qui emplit toute la vie de ces hommes, qui chez quelques-uns dégénéra en une fureur obstinée, mais chez d'autres aussi se maintint comme une simple ardeur de combat, comme une belle ardeur joyeuse. C'est une règle absolue depuis le commencement de ces *Cahiers* , c'est notre principe même et notre fondamental statut et, je pense, le meilleur de notre raison d'être que l'auteur est libre dans son cahier et que je ne suis là que pour assurer le gouvernement temporel de cette liberté.

Cette règle fondamentale n'a jamais souffert aucune exception. Elle n'allait pas en souffrir une quand la copie m'était apportée par un des hommes à qui je suis le plus attaché.

Cette règle fondamentale, obstinément suivie depuis quinze ans, et qui sera suivie aussi longtemps que la maison sera debout, nous a coûté cher. C'est à elle, et à elle presque uniquement, que nous devons les quinze années de pauvreté par lesquelles nous venons de passer. C'est à elle que nous devrons celles qui nous attendent. Et encore, quand je dis que c'est de la pauvreté, c'est par décence et moi-même je manque un peu à mes définitions. Nous savons très bien qu'il n'y a d'argent que pour ceux qui entrent dans les partis et qui font le jeu des partis. Et quand ce ne sont pas les partis politiques il faut au moins que ce soient les partis littéraires.

Telles sont pourtant les moeurs de la véritable liberté. Être libéral, c'est précisément le contraire d'être moderniste et c'est par un incroyable abus de langage que l'on apparente ordinairement ces deux mots. Et ce qu'ils désignent. Mais les abus de langage les moins indiqués sont toujours ceux qui réussissent le mieux. Et c'est ici une incroyable confusion. Et je ne hais rien tant que le modernisme. Et je n'aime rien tant que la liberté. (Et en elle-même, et n'est-elle point la condition irrévocable de la grâce.)

Disons les mots. Le modernisme est, le modernisme consiste à ne pas croire ce que l'on croit. La liberté consiste à croire ce que l'on croit et à admettre, (au fond, à exiger), que le voisin aussi croie ce qu'il croit.

Le modernisme consiste à ne pas croire soimême pour ne pas léser l'adversaire qui ne croit pas non plus. C'est un système de déclinaison mutuelle. La liberté consiste à croire. Et à admettre, et à croire que l'adversaire croit.

Le modernisme est un système de complaisance. La liberté est un système de déférence.

Le modernisme est un système de politesse. La liberté est un système de respect.

Il ne faudrait pas dire les grands mots, mais enfin le modernisme est un système de lâcheté. La liberté est un système de courage.

Le modernisme est la vertu des gens du monde. La liberté est la vertu du pauvre.

Je dois rendre cette justice à nos abonnés que dans ce gouvernement de la liberté ils nous sont demeurés admirablement fidèles. C'est leur honneur.

Et c'est le nôtre. J'ai reproché souvent à nos abonnés de n'être point assez nombreux. Et cette année je le leur reproche au moins autant que jamais. Mais j'avoue que c'est un reproche qui va tout de même un peu plutôt à celui qui n'en est pas qu'à celui qui en est. Ceux qui en sont ont parfaitement compris, je veux dire qu'ils savaient d'avance aussi bien que nous ce que sont les moeurs de la véritable liberté.

Encore un mot que je n'aime pas, mais enfin la *vie* même requiert la liberté. Une revue n'est vivante que si elle mécontente chaque fois un bon cinquième de ses abonnés. La justice consiste seulement à ce que ce ne soient pas toujours les mêmes, qui soient dans le cinquième. Autrement, je veux dire quand on s'applique à ne mécontenter personne, on tombe dans le système de ces énormes revues qui perdent des millions, ou qui en gagnent, pour ne rien dire. Ou plutôt à ne rien dire.

Nos abonnés l'ont parfaitement compris, il faut leur faire cet honneur. Autant que nous ils ont le goût, le respect de la liberté. Ils nous l'ont montré par cette belle fidélité de quinze ans. Ils sont, autant que jamais, trop peu nombreux. Mais ceux qui y sont, y restent.

Par cette dure méthode, par cet unique système de recrutement ne se manifeste point un commun abaissement fondé sur un incessant échange de concessions mutuelles, que l'on se passe incessamment des uns aux autres, mais c'est ainsi que nos cahiers se sont peu à peu formés comme un lieu commun de tous ceux qui ne trichent pas. Nous sommes ici des catholiques qui ne trichent pas ; des protestants qui ne trichent pas ; des juifs qui ne trichent pas ; des libres penseurs qui ne trichent pas. C'est pour ça que nous sommes si peu de catholiques ; si peu de protestants ; si peu de juifs ; si peu de libres penseurs. Et en tout si peu de monde. Et nous avons contre nous les catholiques qui trichent, les protestants qui trichent ; les juifs qui trichent ; les libres penseurs qui trichent ; les Lavisse de tous les partis ; les Laudet de tous les bords. Et ça fait beaucoup de monde. Outre que tous les tricheurs ont une sûreté pour se reconnaître ente eux et pour s'appuyer ; une sûreté infaillible ; une sûreté invincible ; pour se soutenir ; une sûreté inexpiable. Une sûreté d'instinct, une sûreté ce race, le seul instinct qu'ils aient, qui n'est comparable qu'à la sûreté profonde avec laquelle les médiocres reconnaissent et appuient les nédiocres. Mais au fond n'est-ce pas la même. Et ne sont-ils pas les mêmes. Si seulement nous les honnêtes gens nous étions fidèles à l'honnêteté comme la médiocrité est fidèle à la médiocrité.

Je ne comprends pas qu'il y ait une question des instituteurs. D'abord, s'ils étaient restés des maîtres d'école tout ça ne serait pas arrivé. Qu'ils fassent donc l'école, il n'y a rien de plus beau au monde.

Qu'ils ne s'y trompent pas, ils ont le plus beau métier du monde. Eux seuls ont des élèves. (Eux et les professeurs de l'enseignement secondaire.) Les autres ont des disciples. Les autres, c'est les professeurs de l'enseignement supérieur. Et c'est, hélas, l'écrivain.

Qu'on en fasse l'expérience, l'expérience est facile à faire. Que chacun s'examine attentivement. Que chacun regarde son être et redescende un peu dans sa mémoire. Qui sommes-nous. Sommes-nous l'étudiant innocent mais d'autant abusé qui suivait scrupuleusement les cours des sorbonnards ? Non, nous ne sommes pas cette misère et nous ne sommes plus cette proie. Que tout homme ayant passé trente-cinq ans se regarde et se reconnaisse lui-même. Que tout homme voie ce qu'il est, qui il est, descende dans son être propre. Dans son être profond. Nous ne sommes pas ces purs jeunes hommes, innocents et fâcheusement enthousiastes, candides, aveugles, si naïvement pieux envers leurs maîtres, que leurs maîtres ont trompés. Nous sommes ces enfants d'avant douze ans, ces mêmes enfants, aussi purs, peut-être plus purs ; et nous sommes ces mêmes adolescents d'avant seize ans. Nous sommes les hommes de notre laborieuse enfance. Nous sommes les hommes de notre laborieuse adolescence. Nous ne sommes nullement les hommes de notre jeunesse abusée. C'est dire par contre que nous avons subi l'imprégnation de nos parents ; et de nos maîtres du premier degré ; et de nos maîtres du deuxième degré. Mais que nous n'avons subi aucune imprégnation de nos maîtres du troisième degré. D'ailleurs nos maîtres du troisième degré se souciaient bien de filiation et de paternité spirituelle et de régner sur les coeurs. Leur seul souci était par un jeu de mariages, de nominations, d'élections académiques et universitaires, d'intrigues, de bassesses, de trahisons, de délations et d'honneurs, de s'assurer, de perpétuer parmi eux un gouvernement temporel des esprits. Ils ont ce qu'ils voulaient. Et au-delà de ce qu'ils espéraient. Qu'ils ne demandent pas au-delà.

C'est dire par conséquent que le plus beau métier du monde, après le métier de parent, (et d'ailleurs c'est le métier le plus apparenté au métier de parent), c'est le métier de maître d'école et c'est le métier de professeur de lycée. Ou si vous préférez c'est le métier d'instituteur et c'est le métier de professeur de l'enseignement secondaire. Mais alors que les instituteurs se contentent donc de ce qu'il y a de plus beau. Et qu'ils ne cherchent point à leur tour à expliquer, à inventer, à exercer un gouvernement spirituel ; et un gouvernement temporel des esprits. Ce serait aspirer à descendre. C'est à ce jeu précisément que les curés ont perdu la France. Il n'est peut-être pas très indiqué que par le même jeu les instituteurs la perdent à leur tour. Il faut se faire à cette idée que nous sommes un peuple libre. Si les curés s'étaient astreints, et limités, à leur ministère, le peuple des paroisses serait encore serré autour d'eux. Tant que les instituteurs enseigneront à nos enfants la règle de trois, et surtout la preuve par neuf, ils seront des citoyens considérés.

Pourquoi surtout établir ou chercher à établir cette confusion que nous voyons partout, dans tous leurs congrès, dans leurs journaux et revues et revendications. Pourquoi mêler les questions d'argent et les questions de gouvernement. Serait-ce pour honorer les questions d'argent, en les mêlant aux questions de gouvernement. Mais l'argent est hautement honorable, on ne saurait trop le redire. Quand il est le prix et l'argent du pain quotidien. L'argent est plus honorable que le gouvernement, car on ne peut pas vivre sans argent, et on peut très bien vivre sans exercer un gouvernement. L'argent n'est point déshonorant, quand il est le salaire, et la rémunération et la paye, par conséquent quand il est le traitement. Quand il est pauvrement gagné. Il n'est déshonorant que quand il est l'argent des gens du monde. Il n'y a donc, dans les autres cas, je veux dire quand il n'est pas l'argent des gens du monde, aucune honte à en parler. Et à en parler comme tel. Il n'y a même que cela qui soit honorable. Et qui soit droit. Et qui soit décent. Il faut toujours parler d'argent comme d'argent. Que les instituteurs aient le droit de vivre, comme tout le monde, qui le nie, et nous le contesterons moins que personne, nous qui ne sommes pas seulement avec eux, nous qui sommes d'eux, nous qui avons ici publié les premiers l'admirable roman de Lavergne. Jean Coste a le droit de nourrir sa femme et ses enfants. Cela ne fait aucun doute. S'il y réussit aujourd'hui assez mal, ici encore il fait comme tout le monde. Il fait comme nous. Au moins il fait comme tous ceux qui travaillent. Il n'y a un peu d'aisance, dans le monde moderne, que pour ceux qui ne travaillent pas.

C'est donc ici une question très grave. Mais ce que je veux dire aujourd'hui, c'est que c'est vraiment une question de droit commun. C'est une question d'un certain malheur commun, d'une grande misère commune. C'est une question de la vie générale de la nation et de disponibilités budgétaires. Cette première question n'a rien de commun avec cette autre question de ce gouvernement spirituel que quelques instituteurs demandent à exercer parmi nous. Car c'est encore, ceci encore est une *revendication* .

Que de jeunes instituteurs, et même des plus vieux, aillent travailler dans les facultés, c'est encore très bien. Je suis assuré qu'ils y fournissent d'excellent travail, et que cette collaboration donne dans les provinces les meilleurs résultats. Mais ce n'est point un secret non plus qu'à Paris le petit clan de la Sorbonne avait entrepris de s'appuyer sur les instituteurs quand il se proposa de ruiner en France l'enseignement secondaire et qu'un certain nombre d'instituteurs, (un très petit nombre), répondit à cet appel.

Ici encore je me permets de trouver que ce ne sont pas les instituteurs qui ont tort. Ce ne furent pas les instituteurs qui furent les plus coupables, ni même les véritables coupables. Dans toute démagogie celui qui en est la matière et l'objet et l'inerte instrument est moins coupable que celui qui en est l'inventeur et l'auteur. Et le premier moteur. Des grands pontifes, des hommes dans les honneurs sont venus dire aux maîtres d'école que le lycée ne sert à rien, qu'on n'apprend rien depuis le commencement de la sixième jusqu'à la fin de la philosophie. Je ne fais point un grief à ces instituteurs de l'avoir cru. Je fais un grief à ces professeurs, qui eux ont passé par la sixième et la philosophie, de l'avoir dit. Il ne s'agit point de se recruter des troupes à tout prix. Il faudrait tout de même ne pas trop tromper le monde.

Ceci m'amène à une singulière question, et que je m'étonne que l'on n'ait jamais posée. Pourquoi les maîtres d'école ne font-ils pas des études. Je me rappelle très bien comment ça se passait. Je me rappelle très bien le chemin que je suivais quand M. Naudy m'en retira un peu vivement. Les jeunes gens qui se proposaient de devenir maîtres d'école, ou plutôt les jeunes gens à qui on pensait pour en faire des maîtres d'école, pour les faire devenir maîtres d'école *faisaient* d'abord trois ans à l'école primaire supérieure, que l'on nommait alors, je l'ai dit, l'école professionnelle : première année, deuxième année, troisième année ; pendant trois ans ils préparaient l'entrée à l'école normale primaire. Ceux qui étaient reçus passaient ensuite trois ans dans cette école normale primaire. On recommençait : première année ; deuxième année ; troisième année. En tout ça faisait six ans. Avec le temps qui pouvait se perdre entre les deux à la coupure ça faisait sensiblement précisément tout le temps qu'il faut pour faire des études, du commencement de la sixième à l'achèvement de la philosophie. Or ces enfants de paysans et ces enfants d'ouvriers, déjà triés fortement, qui se préparaient et qui se destinaient ou que l'on préparait et que l'on destinait à devenir instituteurs étaient dans la moyenne au moins aussi intelligents que les petits bourgeois qui entreprenaient un peu confusément le lycée. Et ils travaillaient au moins autant. Et quelques-uns travaillaient très bien. Ils se donnaient beaucoup plus de mal, ils fournissaient beaucoup plus de travail pour passer le brevet simple que nous pour passer l'examen de fin de quatrième, que nous ne passions pas, et pour passer le brevet supérieur que nous pour passer le bachot. Alors on se demande. Et il est si simple de se demander : Alors, à ce compte-là, pour ce prix-là, pour cette longueur de temps, pour tant de travail et pour tant de conduite on se demande à ce prix-là pourquoi on ne leur fait pas faire leurs études. Et pourquoi, au lieu du brevet supérieur, qui n'est rien, on ne leur donne pas au moins le bachot, qui n'est pas grand-chose. Je ne vois pas en quoi savoir du latin et du grec les empêcherait d'enseigner du français, et même d'enseigner en français. Moi je ferais un bon maître d'école. On se demande si ce n'est pas la bourgeoisie française qui a fait exprès, craignant la concurrence, d'avoir des instituteurs qui n'eussent point fait leurs études. Car enfin il est au moins aussi difficile et il faut au moins autant de travail et autant de besogne pour entrer à l'école normale de Saint-Cloud que pour entrer à l'école normale de l'enseignement secondaire. (C'est la nôtre, mes enfants.) Alors pourquoi s'y est-on pris de telle sorte que le bagage des uns ne fut qu'un fatras. Si c'est un calcul que la bourgeoisie a fait, comme il est probable, il faut avouer qu'elle en est bien récompensée aujourd'hui. De trouver constamment contre elle et sous elle cette sourde révolte d'un enseignement primaire qui précisément n'a pas fait ses études. Et une fois de plus il faut constater que le sabotage est venu d'en haut, de la bourgeoisie. Et qu'il est payé par un sabotage antagonique.

Tout ceci est déblayé, et m'adressant aux instituteurs eux-mêmes, et non plus à leurs programmes, qu'ils subissent, et non plus aux conditions que l'Etat leur a faites, qu'ils subissent, je me permettrai de leur dire : (et je ne le dis naturellement qu'aux quelques-uns qui sont évidemment travaillés de cette tentation), je leur dis : Pourquoi voulez-vous exercer un gouvernement des esprits. Et comme tous les autres pourquoi voulez-vous exercer un gouvernement temporel des esprits. Pourquoi voulez-vous avoir une politique, et l'imposer. Pourquoi voulez-vous avoir une métaphysique, et l'imposer. Pourquoi voulez-vous avoir un système quelconque, et l'imposer.

Vous êtes faits pour apprendre à lire, à écrire et à compter. Apprenez-leur donc à lire, à écrire et à compter. Ce n'est pas seulement très utile. Ce n'est pas seulement très honorable. C'est la base de tout. *Il sait ses quatre règles* , disait-on de quelqu'un quand j'étais petit. Qu'ils nous apprennent donc nos quatre règles. Je ne veux pas jouer sur les mots, mais sans parler d'écrire ce serait déjà un grand progrès, (puisque nous sommes dans un système du progrès), que d'avoir, que d'être un peuple qui saurait lire et qui saurait compter. Et quand avec cela nos instituteurs emploieraient leur activité à sauver ce pays des deux fléaux qui le menacent constamment, il y en a là-dedans pour la vie d'un homme et beaucoup d'hommes voudraient pouvoir en dire autant. (Ces deux pestes que je veux dire sont naturellement la politique et l'alcoolisme, et au fond elles n'en font qu'une, et tant que les instituteurs revendiquent un point d'appui, un établissement contre la politique et les marchands de vin non seulement ils en ont cent fois le droit, mais ils ont cent fois raison et pour eux-mêmes et pour le pays.) Mais ces règles de grande hygiène, ces pratiques d'hygiène générale vont de soi ; elles ne peuvent être que compromises, et peut-être complètement masquées, complètement oblitérées, complètement annulées par une prétention à un gouvernement des esprits.

Enseigner les éléments, apprendre à des enfants de bonne race ces vieilles vérités sur lesquelles tout le monde est d'accord : (et sur lesquelles est fondé le monde) : que Paris est la capitale de la France ; que Versailles est le chef-lieu du département de Seine-et-Oise. Pour les tout à fait savants pousser jusqu'à l'extraction de la racine carrée ; et peut-être de la racine cubique, quel sort plus enviable. Et n'est-ce point infiniment plus beau ; et plus grand ; et plus sage que de haranguer des hommes soûls. Parler du système métrique, qui est la raison même, et qui est si parfait. Parler aussi du système solaire, qui est une sorte de système métrique, avec des multiples et des sous-multiples, et qui est réellement si grand, des planètes, des satellites, de la voie lactée ; pour les plus savants de la rotation et de la révolution ; enfin tout ce que nous avons appris à l'école primaire ; (tout ce que nous savons). Etre sûr que tout ce qu'on dit est vrai, que tout ce qu'on dit porte, que c'est bien entendu, que ça reste, quel heureux sort, et il n'y a rien au-dessus.

Faire de ces belles analyses logiques, et grammaticales, où tout retombait droit, où on savait tout, où on désarticulait complètement, où on épuisait une phrase, où il ne restait rien, où tout retombait juste. Et de ces beaux problèmes d'arithmétique où il fallait si soigneusement séparer les *calculs* du *raisonnement* , par une barre verticale, et où il y avait toujours des robinets qui coulaient pour emplir ou pour vider un bassin (et souvent les deux), (pour emplir et vider ensemble), (drôle d'occupation), (*après combien d'heures*

…) ; et il y avait toujours des appartements à meubler. Et on multipliait le tapissier par le prix du mètre courant.

BIOGRAPHIE

Écrivain français, Charles Péguy est né le 7 janvier 1873 dans un faubourg populaire d'Orléans.

Orphelin pauvre, favori de ses maîtres de l'école primaire, boursier du lycée, puis élève de l'École normale supérieure, avant de devenir dreyfusard et fondateur d'une revue, Péguy est un écrivain multiple auquel la postérité, outre une gloire littéraire, en accorde trois autres : celle de son engagement républicain, celle de sa foi de converti au catholicisme et celle de sa mort à la guerre, le 5 septembre 1914, au début de la contre-offensive de Gallieni préparant la bataille de la Marne.

Dans *Pierre* (1898), récit de son enfance, l'auteur suppose qu'âgé de vingt ans, il « se fait confidence à lui-même de son histoire ». Un ton naïf a fait oublier l'amère étrangeté du sous-titre (*commencement d'une vie bourgeoise*) et inspira les tableaux d'une hagiographie souvent reprise : le père menuisier mort à vingt-huit ans, humilié par la défaite, a laissé pour toute relique un morceau du pain dur des « mobiles » de 1870.

L'enfant apprend à lire auprès d'une mère sévère qui rempaille des chaises, aidée de la grand-mère racontant des fabliaux de diables et de curés, et des histoires du temps passé quand elle gardait les moutons dans le Bourbonnais et qu'il y avait des loups.

En octobre 1880, quand l'enfant est présenté à l'école annexe de l'École normale d'instituteurs d'Orléans, il pénètre dans un ordre sérieux et bienveillant, réglé comme une utopie. Les maîtres y enseignent que toute satisfaction naît du travail bien fait et du devoir accompli. Là s'arrête le « commencement d'une vie bourgeoise ». Reçu premier Orléanais au certificat d'études, boursier de la Ville, il entre en sixième classique en 1885 et obtient tous les prix. Cours d'instruction révolutionnaire auprès des artisans du faubourg de Bourgogne ; khâgne à Lakanal en 1891 ; échec à l'oral du concours de la rue d'Ulm ; service militaire à Orléans ; deuxième échec à l'École normale ; pensionnaire boursier à Sainte-Barbe en 1893, enfin réussite à l'entrée de la rue d'Ulm.

Au lycée d'Orléans, où il avait fondé une association sportive, à Lakanal, dans l'armée, à Sainte-Barbe, rue d'Ulm, il cultive de fortes amitiés, avec Louis Baillet, futur bénédictin, Albert et Lucien Lévy, Albert Mathiez, Jérôme et Jean Tharaud, Charles Lucas de Peslouän, Jules Isaac et bien d'autres, juifs, catholiques, protestants, fils d'ouvriers, de bourgeois, de généraux. La carrière et la personne de Péguy seraient incompréhensibles sans cette « bande », avec sa « morale de bande ». Non qu'il soit l'ami de tout le monde : sourcilleux dans ses choix, il ne tolère pas qu'on le lâche, même pour mourir. Et quand le plus cher, Marcel Baudouin, est emporté par la typhoïde en 1896, il devient son frère, « Pierre », signe Marcel et

Pierre Baudouin une *Jeanne d'Arc* et nombre de textes, et épouse la sœur de son ami, Charlotte, en 1897.

À l'École normale, Charles Péguy fonde un cercle socialiste et thésaurise des souscriptions pour un futur « journal vrai ». Lucien Herr, bibliothécaire de l'École (de 1888 à 1926), l'appuie, et c'est avec le « caïman » de philosophie, Lucien Lévy-Brühl, dreyfusard de la première heure, qu'il s'engage : il revendiquera lui-même un engagement dans l'Affaire, antérieur au *J'accuse* d'Émile Zola et à la pétition des intellectuels de janvier 1898.

Du procès Zola à celui de Rennes, Péguy encadre la troupe de ses camarades. Ces années d'"héroïsme » et de « béatitude » révolutionnaire décident de sa vie et de sa carrière. Au début de 1898, grâce à un petit capital provenant de sa belle-famille, il achète, 17 rue Cujas, la boutique devenue la Librairie Georges Bellais ; centre de propagande dreyfusard, la librairie n'en publie pas moins les frères Tharaud, Romain Rolland, Charles Andler et Jean Jaurès. En août 1899, la faillite menace, et grâce à Lucien Herr, une Société nouvelle de librairie et d'édition reprend l'entreprise, dont Péguy n'est plus que l'employé du conseil d'administration, composé notamment de Herr, Léon Blum, François Simiand.

Les frictions avec les socialistes se multiplient alors. Péguy obtient de justesse un mandat de délégué au congrès fondateur du parti socialiste unifié (1899), qui le révolte par sa décision de n'admettre aucune polémique interne dans les publications reconnues par le parti, et d'ainsi « supprimer la liberté de la presse ». Après cette expérience de « la censure socialiste », son projet de « journal vrai » lui apparaît comme une nécessité et, en décembre 1899, il propose à la Société nouvelle d'éditer des *Cahiers de la Quinzaine*. Se méfiant de l'indocile, et obéissant à la ligne nouvelle du parti, Lucien Herr refuse : « Vous êtes un anarchiste : nous marcherons contre vous de toutes nos forces ». Pourtant, durant trois années encore, Péguy présente ses *Cahiers* comme une publication socialiste, il est vrai indépendante et souvent polémique.

Jeune, inconnu, sans l'aveu de personne, il est seul à entreprendre en janvier 1900 la publication des *Cahiers*, jusqu'en août 1914, ou plutôt seul à mobiliser les dévouements et les contributions indispensables. Sa force vient de là, du sentiment impérieux d'obligation qu'il impose à ceux qu'il choisit. Anatole France échappe sans peine à cette réquisition, moins bien Maurice Barrès, moins encore Romain Rolland et Georges Sorel, et Daniel Halévy en fut déchiré.

À ceux qui ont rejeté ou trahi son dévouement, Herr ou Jaurès, ou plus passagèrement Halévy, il adresse un jet d'amertume qui blesse en inoculant le ressentiment et la honte du ressentiment. Avec ses vieux amis Joseph Lotte, les Tharaud, Jules Isaac, le Père Baillet et de jeunes fidèles, Jacques Maritain, André Suarès, Julien Benda, henri Massis, Ernest Psichari ou Alain-Fournier, les relations sont toujours passionnelles, dans une fraternité singulière et conflictuelle dont l'histoire serait fascinante à écrire.

Mais les *Cahiers de la Quinzaine* sont aussi une épuisante entreprise : le « gérant » Péguy veille à leur fabrication matérielle et à leur diffusion commerciale, il relit les épreuves, rédige les prospectus et d'innombrables lettres, quête les fonds, obsessionnellement. En quatorze ans et demi, il aura publié deux cent trente-neuf *Cahiers* , où apparaissent des auteurs comme Anatole France, Romain Rolland, les frères Tharaud, André Spire et tant d'autres, sans parler de Péguy lui-même. Les *Cahiers* ont abordé les questions politiques et l'actualité tragique (pogroms contre les juifs, question arménienne, la paix, la guerre), les questions de société (l'école, l'alcoolisme, la colonisation) et la littérature.

Avant les *Cahiers* , Péguy avait publié plusieurs articles dans *La Revue socialiste* , *Le Mouvement socialiste* et *La Revue blanche* . En 1898, la Librairie

Georges Bellais imprime *Marcel, premier dialogue de la cité harmonieuse*, cité à laquelle et dans laquelle nul n'est étranger. Et dès 1897 paraît *Jeanne d'Arc*, « drame en trois pièces », antimilitariste, internationaliste, totalement passé inaperçu (on n'en vendit qu'un exemplaire), publié par la Librairie socialiste sous la double signature de Marcel et Pierre Baudouin. Cette Jeanne « socialiste » n'est-elle qu'une oeuvre de jeunesse, de normalien, de militant, ou la pierre d'attente d'un édifice futur, comme l'auteur nous invite à le penser ?

Comme écrivain, Péguy adopte d'emblée une position très anticonformiste. Pour lui, la personne de l'écrivain est multiple et différente de celle de l'"homme » : ils ne coexistent pas dans la même temporalité et ne vivent plus de la même vie. Ainsi, comme l'ami mort, le jeune Marcel, Marcellus, n'est plus le contemporain de Charles Péguy, de même l'auteur naissant qui signe du nom d'un mort, Pierre Baudouin, accepte de renoncer à soi, au prix d'une « partance » analogue à celle de Jeanne, et pour une mission dont on ne sait pas où elle le conduira sur cette terre, sinon au pays de la littérature, en compagnie de celui qui fit mine de s'appeler Victor-Marie comte Hugo. Et le cahier du même nom (octobre 1910), suivant de peu la publication du *Mystère de la charité de Jeanne d'Arc* (janvier 1910), marque le terme de l'appropriation d'une identité littéraire, inséparable de la découverte, dans *Notre jeunesse* (1910), de l'ordre « mystique » de l'action.

Les étapes de cette construction de la « personne » littéraire de Péguy jalonnent treize ans de publications, de *Jeanne d'Arc* à *Victor-Marie, comte Hugo* et des oeuvres de jeunesse à *Notre jeunesse*. Les pseudonymes se multiplient dans les articles d'avant 1900 (Pierre Baudouin, Jacques Daube, Jacques Lantier, Pierre Deloire) et quelques-uns de ces noms reparaissent dans les premiers *Cahiers*, inaugurés par une *Lettre du provincial* adressée à « Péguy », lettre supposée d'un lecteur, à laquelle « Péguy » répond brièvement : l'auteur se construit un interlocuteur et mobilise son destinataire.

En 1910 encore, après avoir rudement répondu dans *Notre jeunesse* à un essai rétrospectif sur l'Affaire Dreyfus qui ne le satisfait pas (L'*Apologie pour notre passé*, de Daniel Halévy), il décide de se répondre au nom de son ami blessé et rédige *Victor-Marie, comte Hugo*. Ainsi, nombre de figures réelles ou imaginaires composant la fraternité des *Cahiers* parlent à travers le texte de Charles Péguy, mais par sa voix.

Entre 1900 et 1901, dans *De la grippe*, puis *Entre deux trains* et *Casse-cou*, par l'usage du dialogue, de l'allusion, de la citation, les pseudonymes deviennent des personnages : « Il va falloir que moi Baudouin, que Deloire, que Péguy et tous ses abonnés nous soyons matérialistes et athées avec le citoyen Vaillant ». L'auteur parle à la fois pour les abonnés et pour le gérant Péguy.

À la fin de 1900, les *Cahiers* publient *Pour ma maison*, puis *Pour moi*. En octobre 1901, *Vraiment vrai* signé Charles Péguy, expose le programme des *Cahiers*. Enfin, *De la raison*, en décembre 1901, préface admonestatrice à des écrits de Jaurès, fait entendre la voix de toutes ces figures, à la première personne du pluriel, pour avertir celui que les dieux perdent ou qui perd ses dieux. De même dans *Notre patrie, Notre jeunesse*. Rappelons d'ailleurs que l'entreprise des *Cahiers* réunit une multiplicité d'auteurs. Ce pluriel est peut-être une fiction fondatrice de l'oeuvre et la condition fixée à sa mission de chef de choeur assemblant les voix populaires et mystiques qui s'adressent aux puissants ou vont prier Dieu (*Les Suppliants parallèles*, 1905).

Ainsi Péguy parle-t-il toujours pour quelqu'un, y compris pour lui-même, c'est-à-dire à la place de quelqu'un, et d'abord à la place de lui-même. Mais aussi en faveur de quelqu'un, et donc contre d'autres, et puis *in memoriam* et *ad intentionem* (épigraphe du *Mystère de la charité de Jeanne d'Arc*

). Il y puise le sentiment d'être autorisé à parler, son autorité et, parfois, son autoritarisme.

Jusqu'en 1905 environ, Péguy tient son autorité d'être le garant fidèle d'un socialisme et d'un dreyfusisme trahis par Jaurès, Téry et les socialistes. En juin 1903, dans *Reprise politique parlementaire* (à propos d'une intervention de Jean Jaurès à la Chambre en faveur de la révision du procès de Rennes), Péguy affirme que lui et les siens n'ont jamais varié dans leur dreyfusisme, antérieur à celui de Jaurès : l'autorité de Jaurès s'est « altérée », « corrompue » en autorité « politique et parlementaire », toute « l'autorité révolutionnaire et morale » appartenant désormais à une « compagnie d'hommes libres », Péguy, Bernard-Lazare, les abonnés de la revue. La célèbre distinction qui sera formulée dans *Notre jeunesse* entre mystique et politique s'annonce : il ne faut pas la comprendre seulement comme une opposition du pur et de l'impur, mais séparant deux ordres d'autorité. Le premier système de représentations donne cohérence aux *Cahiers* : leur gérant, Péguy, fait « un métier misérable » ("tout le monde ne peut pas être une bouche d'ombre », dit-il en faisant allusion à un poème de Victor Hugo), avec la mission d'assurer aux *Cahiers* et à leurs collaborateurs une liberté inconnue ailleurs, et ainsi de « former un public » puisqu'il n'y a plus de vrai public dans la France moderne : « donner de l'air aux oeuvres et au peuple étouffé », écrit-il dans *Personnalités* (5 avril 1902), expliquant que toute autorité littéraire vient de la personne et que celle des *Cahiers* peut légitimement s'éprouver en mettant en cause la personne des adversaires.

De Jean Coste (novembre 1902) révèle alors où Péguy place sa légitimité : la misère, celle du gérant, est une grandeur de situation qui donne autorité à sa personne. De *Notre patrie* (1905) à *Notre jeunesse* (1910), un second système d'autorité reposera sur la dénonciation de l'adversaire que désigne déjà *Zangwill* (octobre 1904) : le monde moderne, dont « la pensée de derrière la tête », formulée par Hippolyte Taine et Ernest Renan, est de s'attribuer toute légitimité grâce à la science déterministe. L'enjeu de cette bataille est la conquête du Temps : toute l'Université, tout le « parti intellectuel », tout Lucien Herr et tout François Simiand, tout le monde moderne visent à une domination intellectuelle, à un impérialisme qui présente l'avenir comme tout fait. À cela, Péguy oppose une intuition d'espérance, de liberté et de grâce : la pensée d'Henri Bergson et (inséparablement) une « voix de mémoire » française et chrétienne que sa prose dévoile méthodiquement, à travers la série des « situations » (1906-1907), jusqu'au moment enfin où sa conversion s'avère, à partir de 1910 et du *Mystère de la charité de Jeanne d'Arc*.

Péguy a toujours affirmé qu'il n'avait jamais varié. Sa personne finit par comprendre « l'immense océan de sa silencieuse race », tous les Français illettrés, fils d'Adam à qui parlait Dieu et qui parlent Dieu en France et en vers avec *Le Porche du mystère de la deuxième vertu* (l'espérance) en 1911, *Le Mystère des saints innocents* (1912), *La Tapisserie de sainte Geneviève* (1912), *La Tapisserie de Notre-Dame* (1913) et les quatrains d'*Ève* (1913).

Parallèlement, les oeuvres en prose : *Victor-Marie, comte Hugo* (1910), la *Note sur M. Bergson* (1914), qui concerne aussi Descartes, et la *Note conjointe sur M. Descartes* (1914). qui parle de Bergson, délimitent le terrain stratégique où Péguy se place enfin : le « présent », neuf, jaillissant, déshabitué du passé et des programmes intellectuels d'un avenir tout fait. L'homme du présent, éternellement jeune, est aussi l'homme des légendes, l'homme de la mémoire non écrite, de l'instinct vital et de l'intuition, et sa personne s'est « incarnée » dans un peuple, élu lui aussi, dans un moment ressenti comme sacré — le présent, dont il est le témoin sacrificiel et le combattant.

C'est avec une sorte de soulagement et d'allégresse que Charles Péguy rejoint son affectation de lieutenant dans la 19e compagnie du 276e régiment d'infanterie aux premiers jours de la Grande Guerre de 14-18. Le samedi 5 septembre 1914, veille de la bataille de la Marne, il meurt au champ d'honneur à Villeroy (près de Meaux), tué d'une balle au front à l'âge de 41 ans.